CEOコーチング

CEO COACHING

年商を100倍にする
思考と行動の理論

エグゼクティブ専門コーチ
Kazuyoshi Hisano
久野和禎

日本経済新聞出版

prologue

「1 to 10（イチジュウ）発想」を「1 to 100（イチヒャク）発想」に変えるCEOコーチング®

この本は、「会社を大きくしたい」「幸せになりたい」そして「すべての従業員に幸せになってもらいたい」という人のための本です。会社の経営者および経営幹部、そして事業部のチームリーダーの方に読んでいただきたいと思っています。

コンサルティングとコーチングの違いがわかりますか？

多くの会社が、売上を伸ばしたり、顧客を増やしたり、ブランド力をアップしたりするために、外部の頭脳を活用しています。その一環として、コンサルタントやコーチを活用することがあります。

ここで、ひとつ基本的な質問をします。コンサルタントとコーチの違いをご存知でしょうか？

ほとんどの経営者が、この2つの違いを意識せずに自分の悩み事を相談しているのではないでしょうか。

これは私の持論ですが、コンサルタントは「問題を解決してくれる人」です。ですから、問題を解決するのですが、また新たな問題が発生するたびにコンサルタントに相談することになります。永続的にお金がかかります。

コーチは「問題を解決する方法を教えてくれる人」です。自分で問題を見つけ、その問題を自分で解決する方法を教えます。ですから、正しいコーチングを学んだ方は、自分の力で目標を設定して問題解決していけるようになります。

これがコンサルタントとコーチの大きな違いです。

なぜ経営者には経営者のコーチングが必要なのか?

コーチングには、一般の方すべてを対象とする「パーソナルコーチング」があります。対象者は会社で働くビジネスパーソンや個人事業主、あるいはこれから独立起業したい人などが含まれます。

それとは異なり、経営トップ（ＣＥＯ）向けに特化したものに「ＣＥＯコーチング®」があります。ＣＥＯコーチングは、私が考案し、体系化した「認知科学に基づく経営者のための問題解決メソッド」です。

なぜＣＥＯには特別なコーチングが必要なのでしょうか？　ＣＥＯや社長が直面する課題は本人だけの問題ではなく、その多くが会社にも関わっていて、しかも重要なものだからです。また、経営者は会社のあらゆる資源を使って問題解決に努めなければなりません。

コーチがＣＥＯや会社とともに目標を達成していくためには、単にコーチングのスキルを有するというだけではなく、経営の知識や経験が必要となります。ここに「パーソナルコーチング」と「ＣＥＯコーチング」の決定的な違いがあります。

一般的な「パーソナルコーチング」はコーチがアドバイスをし、そのアドバイスを参考に本人が問題解決をしていきます。一方、「ＣＥＯコーチング」は、ＣＥＯ本人のみならず会社の力によって問題解決、目標達成をしていくのです。

たとえば、本書のテーマのひとつでもある「売上高1億円の会社を１００億円の会社にしたい」という目標があったとき、社長1人だけの力では、それは不可能です。ところが、社員とともに会社としてその目標を掲げ、取引先やお客様、さらには世の中を味方につけることができれば、１００倍の売上を実現できるようになります。ＣＥＯコーチングによって、「売上1億円の会社を１００億円稼ぐ組織に変える」ことができるのです。

そして、その発想こそが「１to１００（イチヒャク）発想」なのです。

もちろん、この発想は、10億円を１０００億円にする場合にも、１００億円を1兆円にする場合にも当てはまります。

それでは、どうすれば1を10ではなく、１００にすることができるのでしょうか？

１店舗を10店舗にするより１００店舗にするほうが簡単

私が最初に書いた本は、『思い描いた未来が現実になる　ゴールドビジョン』（ＰＨＰ研究所）という本です。未来のゴール設定と、金のゴールドを掛け合わせた「ゴールドビジョン」という未来思考型の目標実現メソッドを解説しました。

この本の中で、実はあなたの給料を2倍にするより10倍にするほうが簡単だと書きました。給料を2倍にするには2倍働く、あるいは単価を2倍にすればいいのですが、長時間働くなんてことをずっとは続けられませんし、単価にも相場があります。したがって、どんなに頑張っても2倍ぐらいが限界です。

一方、10倍にするにはどうしたらいいかを考えた場合、全く新しい発想とやり方が必要になります。その方法や行動を思いつき、実際にできるようにするのが「ゴールドビジョン」です。

同じように、売上1億円の会社が10億円を目指すよりも１００億円になるほうが実は簡単に達成できます。それが、「１ to １００発想」です。私たちが日頃とらわれがちな枠から飛び出していくこの発想法によって成長した企業は、数多く存在します。

たとえば、セブン‐イレブンはかつて、酒店の主人に「業態を変えて食品や生活用品を売りませんか？」と営業マンが必死に口説くところから始まりました。ライザップは場を提供するだけの巨大なフィットネスジムではなく、ダイエットを成功させるための一連の仕組みを提供するジムとしてスタートし、短期間で日本一のパーソナルトレーニングジムになりました。

串カツ田中は、地域密着型の小さな串カツ店だったのですが、120店舗までフランチャイズを拡大し、わずか7年で上場を果たしました。

海外に目を向けると、フェイスブックはもともとハーバード大学の女子学生の顔写真を学生寮から入手して、ウェブサイト上で比較するサービスを公開したところからスタートし、世界企業にまで発展しました。

インスタグラムは26歳のケビン・シストロムが作り、たった2年間で800億円という価格でフェイスブックに売却されたのです。

発想を変えることによって、事業は1から10ではなく、いきなり1から100になることもあるのです。

1から100をつくる3つの理論

この本で私がお伝えしたいことは、「1 to 10発想」から「1 to 100発想」に変わるためのコーチングの3本の柱です。

1　ゴール理論（高くて遠いゴールを描く）

2　フィードフォワード理論（未来を起点にする生き方）

3　コーズ理論（なぜそれをするのかを知る）

「ゴール理論」に関しては、この本でも触れますが、詳しく知りたい方は私の1冊目の著書『思い描いた未来が現実になる　ゴールドビジョン』を参照してください。「フィードフォワード」については、『いつも結果を出す部下に育てるフィードフォワード』（フォレスト出版）を参照してください。

そしてもうひとつ、経営者が自ら問題を発見し解決していくために必要な理論があります。それが本書の中心的テーマである、自分を知る力＝「コーズ理論」です。

本書では、このコーズ理論について詳しく説明していきます。この考え方を身に付けるだけで、あらゆる経営者のあらゆる問題が解決すると言っても過言ではありません。しかも、自力で。

過去にとらわれがちな思考を前に向ける

経営者の多くは、未来に向けて大きな夢を持つことの重要性を理解しつつも、過去にとらわれて、なかなか前に進めません。この点、コーズ理論は自分のルーツ、原体験にまで遡るアプローチであるため、ともすれば過去の自分を掘り下げすぎて、前に進む力を損なう側面もあります。そのため、最も重要でありながら、最初にコーズ理論から学ぶことには大きなリスクがありました。

まずは、徹底的に未来に目を向けてほしいのです。そのために私は、まずゴール理論およびフィードフォワード理論を世に送り出しました。そして最後に、1人ひとりのルーツに遡っていくコーズ理論について語りたいと思ったのです。

コーズを知ると、経営者には革命的な変化が起こります。未来に大きなゴールを持ち、それを維持することができるようになります。人生の途中で必ず訪れる「困難」を乗り越える力が著しく高まります。さらに、事業が大きく飛躍していくために必要な「他人の力を借りる力」を伸ばすことができます。これらすべてを用いて、「1 to 10発想」から「1 to 100発想」に切り替えていきます。

そして、この切り替えのスイッチは「認知科学」で説明できます。この点は第1章で詳しく説明させていただきます。

また、いざ組織を飛躍させようとするときに必要となる力、「組織を動かす実行力」についても言及します。

誰でも年商100億円の会社にできる方法があった！

現在、世界を動かす情報企業が林立しているのがアメリカのシリコンバレーです。ここには、グーグル、アップル、フェイスブック、ウーバー、エアビーアンドビー、インテル、テスラ、ウィーワーク、そしてグローバルに活躍する起業家を世界一輩出しているスタンフォード大学などがあり、今後50年間、世界の情報産業を牽引していくと言われています。

図表1をご覧ください。フォーチュン500企業の世界の売上高ランキングTOP30（2019年）です。

図表からわかるように、上位30社の中に日本企業はトヨタ自動車しか入っていません。100位までを見ても、ランクインしているのは8社だけです。

かつて、技術力世界一だった日本、通信やエレクトロニクスの世界を牽引していた日本、動車産業で世界最高水準の技術力を誇っていた日本は、見る影もありません。

今、シリコンバレーの会社を見学すると、どこの会社でも同じことを言います。

「情報を制する企業が世界を制する」

図表1　世界の企業売上高ランキングTOP30（2019年）

順位	会社名	売上高(百万ドル)	国・地域
1	ウォルマート	514,405	アメリカ
2	シノペック・グループ	414,649	中国
3	ロイヤル・ダッチ・シェル	396,556	オランダ
4	中国石油天然気集団	392,976	中国
5	国家電網公司	387,056	中国
6	サウジ・アラムコ	355,905	サウジアラビア
7	BP	303,738	イギリス
8	エクソン・モービル	290,212	アメリカ
9	フォルクスワーゲン	278,341	ドイツ
10	トヨタ自動車	272,612	日本
11	アップル	265,595	アメリカ
12	バークシャー・ハサウェイ	247,837	アメリカ
13	Amazon.com	232,887	アメリカ
14	ユナイテッド・ヘルス・グループ	226,247	アメリカ
15	サムソン電子	221,579	韓国
16	グレンコア	219,754	スイス
17	マッケソン	214,319	アメリカ
18	ダイムラー	197,515	ドイツ
19	CVSヘルス	194,579	アメリカ
20	トタル	184,106	フランス
21	中国建築股份有限公司	181,524	中国
22	トラフィグラ・グループ	180,744	シンガポール
23	鴻海精密工業	175,617	台湾
24	エクソール・グループ	175,009	オランダ
25	AT&T	170,756	アメリカ
26	中国工商銀行	168,979	中国
27	アメリソース・バーゲン	167,939	アメリカ
28	シェブロン	166,339	アメリカ
29	中国平安保険	163,597	中国
30	フォード・モーター	160,338	アメリカ

出所）フォーチュン500

ところが日本の経営者の多くは、未だに「安全と情報はタダ」と考えているフシがあります。日本は、情報にお金を惜しむ国なのです。しかしその結果、世界から取り残されるようであってはなりません。

私は、会社の売上を伸ばすことだけにこだわっているわけではありませんが、せっかく経営者として大きな志を持って会社を立ち上げたり、率いたりしているのですから、小さくまとまるのではなく、ぜひ大きな売上を目指してほしいと思っています。

私は、企業としての最低売上は「年商1億円」だと思います。世の中に認められる最初の段階がこの金額だからです。そして、1億円を達成した会社は、認知科学の枠組みを使えば、間違いなく売上100億円の達成が可能になります。

すでに、多くの日本企業は国際競争の中では負け組です。小さな島国の中で、小さな売上にあえぐ日本の経営者にこそ「1to100（イチヒャク）発想」を学んでいただき、世界で勝負できるオンリーワン企業を目指してほしいのです。

本書を読むことで、

1　理想の会社像を描き
2　自動的に成長させ
3　潤沢に利益を残し
4　あなたと従業員の夢を叶え

5　社会を幸せにし
6　年商を100倍に成長させる

この6つの目標を叶えることができます。

あなたが夢を叶え、組織を成長させ、「幸せな経営者」になるためにはどうすればよいのか。成長する企業に共通する原理原則はどのようなものなのか。それを、本書で余すことなくお伝えしたいと思います。

イチヒャク経営者は「直感」で判断し、決定する

「イチヒャク経営者」とはイチヒャク経営を実行できる経営者。イチヒャク経営を可能とするマインドの使い方を習得している経営者です。

詳しくは本文で説明しますが、「ゴールの世界のコンフォートゾーン」として「100億円（もしくは100倍）の世界のコンフォートゾーン」が脳内で維持されていると、それに合わせて「RAS（ラス）：レティキュラー・アクティベイティング・システム」が機能します。

RASは「網様体賦活系」などと訳される術語で、目の前で起きることの何を認識し、何を認識しないかを振り分けるフィルターのようなものです。「直感」と言い換えてもいいでしょう。

つまり、RAS≒直感が無意識的に働き、「ゴールの世界のコンフォートゾーン」を実現す

るような「判断」「意思決定」を行ってくれるのです。

要諦は結局、直感です。経営は意思決定の連続。判断して、決める。このサイクルを会社全体で日々、何千回と繰り返していくこと。それが経営です。「判断」と「決定」の成功確率が高ければ、会社はどんどんよくなっていきます。反対に、成功確率が高くならない限り、業績はなかなか上向きません。

では、成功確率はどうすれば上げられるのでしょうか。決め手となるのは、ヒャクの世界のコンフォートゾーンにどこまで臨場感を持てているか、です。経営者がイチの世界の現実を生きながら、ヒャクの世界に臨場感を持つ。これを実現できれば、脳はヒャクを実現させるための「判断」と「決定」を行わせてくれるようになります。さらに言えば、社員全員がヒャクの世界のコンフォートゾーンに臨場感を持ち、直感を働かせることができれば、イチヒャクの達成はできたも同然です。

なにもイチヒャクに限った話ではありません。イチジュウだって同じです。イチヒャクはより「直感」が重要なだけです。

経営の現場では、実際のところいちいち落ち着いて考えてなんていられません。さらに言えば、落ち着いて考えたところで正解が得られるとは限りません。とどのつまり、経営者が自分で直感的に判断して決定するしかありません。当然のことながら、結果にも自分で責任を負うことになります。

こうした直感的な判断がどんなものかは、以下のように一言で要約されます。

「ゴールの世界のコンフォートゾーンを実現するように直感が生じる」

「脳が認識するゴールの世界のコンフォートゾーン」を規定する要件は次の4つです。

1　どんな「ゴール」を設定しているか
2　「エフィカシー」は高いか
3　どんな「コーズ」を持っているか、その「コーズ」は強くて高いか
4　どんな人と「コンフォートゾーン」を共有しているか

これら4つの要件を満たすことで、RASがゴールを実現するように直感を働かせてくれます。

ゴールドビジョンのメソッドに習熟していくことで、直感はより研ぎ澄まされていきます。真の成功者、ゴールを達成している経営者は例外なく優れた直感の持ち主です。しかし、そのことについて解説している例はあまりありません。本書では直感の重要性と鍛え方を繰り返し述べていくことにします。

目次

prologue

「1to10（イチジュウ）発想」を
「1to100（イチヒャク）発想」に変えるCEOコーチング®

1

CEOコーチングとは何か？

認知科学のコーチング

2

未来を視る力［イマジネーション］
imagination

3

自分を信じる力［コンフィデンス］

confidence

4

人を巻き込み動かす力［インボルブメント］

involvement

5

未来に誘う力［フィードフォワード］

feed forward

6

自分を知る力［コーズ］

cause

7

実行する力［エグゼキューション］

execution

8

組織を動かす力［オートノミー］

autonomy

9

経営パフォーマンスを10倍上げる方法

コンフォートゾーンを移行させる

epilogue

日本で大企業の社長のコーチングができる人は10人もいない

1 CEOコーチングとは何か？

認知科学のコーチング

経営者が何かを達成しようとするとき、必ずぶつかる「壁」

まずは「コーチング」を簡潔に定義しておくことにします。自分以外の誰かが何かを達成するのを様々な形で支援する。こうした支援に携わる専門職が「コーチ」です。

一般にコーチといえば、スポーツ競技の指導者を思い浮かべる方が多いのではないでしょうか。もちろん、野球やサッカーのコーチも立派なプロです。私もスポーツ選手をサポートすることもありますが、主に、ビジネスの分野で活動しています。これまでに数多くのビジネスパーソンと向き合ってきました。

そして本書では、CEOコーチングについて詳しく解説していきます。

CEOコーチングとは、認知科学を土台とする経営者（リーダー）向けのコーチングのことです。認知科学は、人間の認知の仕組みを解明するための学際的な研究領域。心理学や人工知能、言語学、人類学、神経科学、哲学などと近接しています。

ＣＥＯコーチングはさらに、私が提唱している「ゴールドビジョン」という考え方を大きな背骨としている点に特徴があります。

ゴールドビジョンは、認知科学に基づいた最適なマインド（脳と心）の使い方をまとめた体系です。ゴールドビジョンでは、まず現状を大きく超えた「組織のゴール」を設定し、それを前提として、そのゴールを追求するための戦略を構築する力を高めます。その結果、経営者自身が常に最高のパフォーマンスを発揮することができるようになり、さらに自分だけでなく組織メンバーのパフォーマンスをも高めることができます。組織は活性化し、業績も向上、優秀人材の確保も容易になります。

私はなぜ経営者向けのコーチングを考案し、実践しているのか。経営者と名乗る多くの人たちは、何かを達成することを前提としています。しかし、経営者が何かを達成するにあたっては大きな障壁があります。人は「現状にとらわれるようにできている」という事実です。これは認知科学で説明できます。

経営者に限らず、人は現状にとらわれるようにできています。そのため、自分ひとりで考えているだけでは限界にぶつかります。本人は気づいていなくても、「同じところをぐるぐる回っているだけ」ということになりかねません。

その状態を１人で越えられることもありますが、そうでないことも多い。時間効率を考えれば、思考を外（ぐるぐるまわっている枠の外）に出しながら達成に向かっていく。そのほうが明らかに早いと言えます。

経営者ほど孤独な存在はない

では、思考を外に出すためにはどのような方法が有効でしょうか。自分以外の人と対話をすることです。単なる話し相手でも、やってみる価値はあります。ビジネス用語の「壁打ち」をご存じでしょうか。テニスなどのスポーツで壁に向かってボールを打つ反復練習のように、「答えは出さなくてもいいから、話を聞いてもらう」ことを指します。

ただし、経営者が壁打ちをする場合、適切な相手が見つかるでしょうか。通常、社内で見つけるのは難しいでしょう。一方、社外のアドバイザーやコンサルタントにも、それぞれの立場があり、その人の目的（思惑）があります。経営者はそこを判別しながら、話を聞いてもらう必要があります。そう考えると、100％経営者の味方になってくれる人は意外と少ないものです。

先日、勇退されたばかりの一部上場企業の前社長と話をした際、こんなことを言われていました。

「久野さんにお会いするまでは、内も外もあらゆる人間が敵だと感じる瞬間がありました。少なくとも味方だとは思えなかった」

前社長を取り巻く人々が悪意で何かを次々に仕掛けてきたわけではありません。ただ、そこまで頼れる存在ではなかったのです。

「なかなか考えが前に進まなかったんだけど、久野さんに会って話を聞いてもらったら、10～15分で疑問が氷解する。まるで違ってきました」

このお話からもわかるように、経営者とは驚くほど孤独な存在です。なぜなら、弱みを見せすぎてはいけない立ち位置にいるからです。

経営者は何もかも自分で決めなければいけません。すべてを自分で背負っている。後ろには誰もいないのです。これはなかなか怖いことでしょう。

とはいえ、何もかも自分でできるわけではありません。誰かに相談しなければならない場面もある。相談することは弱みを見せることに通じます。誰にどこまで弱みを見せていいのか。

この点、コーチにはすべてをさらけ出して構いません。ちなみに、私が実践しているＣＥＯコーチングでは、「クライアントが１００％」が鉄則。これは「クライアントに何かあれば、いつでも飛んでいきます」という意味です。

１００億円稼ぐ社長に必要な７つの力

さて、１００億円を目指していく上では、やはり組織で当たるほうがいいでしょう。組織には組織に特有の課題があります。個人の課題は本人が解決すれば終わりですが、組織の場合、1人で解決して目標を達成するのは不可能です。そして、組織特有の課題は、組織が本気でゴールの達成を目指すときに生まれます。ここにこそ、経営者にコーチングが必要な理由があります。

組織特有の課題を解決するには、多くの人の力を借りなければなりません。力を借りるには、多少の技術が必要です。ここでものを言うのがゴールドビジョンに埋め込まれた特殊な部分。世の中の一般的なコーチングには含まれていない秘訣が、ここにはあります。

ゴールドビジョンを背骨とする私のCEOコーチングは、組織特有の課題を解決する上で大きな助けとなるに違いありません。

売上100億円を達成できる社長には備えておかなければならない7つの力があります。この本の2章から8章までで、その力について詳しく解説していきますが、その7つの力とはどのようなものなのか、簡単に触れておきましょう。

1　未来を視る力（イマジネーション→第2章）
2　自分を信じる力（コンフィデンス→第3章）
3　人を巻き込み動かす力（インボルブメント→第4章）

拙著『ゴールドビジョン』で詳述した「ゴールドビジョンメソッド」のゴール理論という位置づけになります。

図表2　100億円稼ぐ社長に必要な7つの力

第8章　組織を動かす力（オートノミー）	
第7章　実行する力（エグゼキューション）	
第4章　人を巻き込み動かす力（インボルブメント）	
第2章　未来を視る力（イマジネーション）	第3章　自分を信じる力（コンフィデンス）
第5章　未来に誘う力（フィードフォワード®）	
第6章　「自分」を知る力（コーズ）	

出所）KAZUYOSHI HISANO AND CONOWAY, INC.

4　未来に誘う力（フィードフォワード®→第5章）

同じく「ゴールドビジョンメソッド」のフィードフォワード理論です。

5　「自分」を知る力（コーズ→第6章）

私が提唱するコーズ理論。コーズとは英語で直訳するなら「原因」。その人の「源」のようなものであり、「本質的に信じていること」です。「原体験」や「ルーツ」「信念」と言い換えれば、だいたいおわかりいただけるでしょうか。あえて造語として「コーズ理論」と名付けました。この本で初めて詳しく述べます。

6　実行する力（エグゼキューション→第7章）

組織の力を伸ばすためには、実践的な力も必要です。それが「実行する力」です。

7　組織を動かす力（オートノミー→第8章）

「オートノミー」とは自発性のことです。組織が自律分散的に勝手に動いていく。いくらトップが「頑張れ、頑張れ」と言ったところで、組織は動きません。

これらの7つの力はそれぞれ分解でき、そこでの定義があり、細かく設定されています。

そしてすべての力の根底には、認知科学があります。認知科学は巨大な体系ですが、その中でも、とりわけ「人間の認知の仕組み上、2つのものを同時に認識・維持できない」という知見がゴールドビジョンの礎です。

CEOコーチングでは、これら7つの力を伸ばしていきます。別の角度から言えば、「イチヒャク」を成し遂げる経営者には、これら7つの力が備わっているものなのです。

7つの力を備えていた「経営の神様」

パナソニック創業者の松下幸之助さんはその典型例でしょう。以下のように、先に挙げた7つの力を高いレベルで備えている経営者でした。
◇「水道哲学」で知られる大きなビジョン、ゴールを持ち（未来を視る力：イマジネーション）
◇「貧乏」「学歴なし」「体が弱い」という逆境を、「自分ならできる」という信念で逆にバネとして生かし（自分を信じる力：コンフィデンス）
◇「たくさんの人に応援されないと成功できない」という信念のもと、応援される自分にな

ろうと努力を重ね（人を巻き込み動かす力：インボルブメント）
◇どんなときでも未来を見据えているおかげで、次々と新製品を思いつき（未来に誘う力：フィードフォワード）
◇「大阪市内に電鉄が敷設される」というニュースを聞いて、「これからは電気の時代だ！」とひらめき、意志を超えた大きな力によって導かれていると感じてあっという間に独立し（自分を知る力：コーズ）
◇丁稚奉公の時代から仕事に手を抜くことなく徹底的に働き、常に顧客や周囲の人に愛され（実行する力：エグゼキューション）
◇部下を100％信頼して任せることを基本的な姿勢とし、日本で初めて事業部ごとに自主運営を行う組織、「事業部制」を導入した（組織を動かす力：オートノミー）

ここに挙げたのは、松下幸之助さんが本書で説明する7つの力を備えていたという証のほんの一部です。他にもいくつものエピソードを挙げることができます。必要な力を網羅的に備えていたおかげで、松下幸之助さんは極めて短期間で、日本を代表し、世界でも一目置かれる巨大企業を作ることができたのだと思います。さすが「経営の神様」として、日本国内はもちろん、世界からも尊敬を集める方です。

社長の〝この口癖〟を変えたら「年商100億」に成長した！

「変わらないといけない」

そんな言葉を耳にしたことはありませんか。社長の中には、「変わらなければ」が口癖になっている人もいるようです。

ここで断言しておきます。「変わらなければ」と言っている社長が変わることはありません。口癖になっている時点で、「変わらない」自分を強く意識してしまっているからです。「稼ぎたい、稼ぎたい」と言っている人の収入が一向に上向かないのと似ています。

変わる人は、黙って変わる。この一言に尽きるでしょう。

認知科学的に言うと、口癖は「セルフトーク」そのものです。「セルフトーク」は、「自分に語りかける言葉」のことです。

自分で発する言葉は日々、自分自身を構築していきます。たとえば、方針発表のスピーチを例に挙げてみましょう。社長が自社について、「ここが足りない」と考えて発言します。すると、足りない部分に焦点が当たります。そのマイナスを意識してしまう、そこにこだわってしまう結果として、会社・組織全体の「自分を信じる力」を自ら削いでしまいます。

これはフィードフォワードの考え方とは真逆です。前に向かって進む力を減衰させることに他なりません。下手をすると、組織を現状に縛りつけてしまいます。

「変わらないといけない」という口癖にもう一度戻りましょう。その先には、「でも、変わるのは難しいんだよね」という声が続きそうではありませんか。わざわざ口に出して言うことで、「変わるのは難しい」というメッセージがより強く伝わり、本人だけでなく、従業員にも「無理なんじゃないか」と感じさせてしまいます。

この点、イチヒャクを実現できる会社は常に変わり続けています。「変わるのが当たり前」という文化になっています。現役時代のイチロー選手がよく口にしていたように、どの瞬間も「常に通過点」です。

「変わらなければ」という口癖をやめて、イチヒャクを実現するにはどうすればよいか。当たり前ですが、お客さんを増やすことです。この一点に尽きます。

お客さんはどうしたら増えるか？　1つの商品・サービスだけで100億円まで伸ばすのは至難です。3～5種類の商品やサービスを20億～30億円ずつ売る。多少の傾斜はあるでしょうが、そんなイメージです。

こうしてそれぞれの商品・サービスのお客さんが増えていくと、増えたお客さんに対応できる組織力が必要になります。同時に従業員の数も増えていきます。

また、イチヒャクを実現していく過程では、オフィスの移転が何度も必要になります。普通の会社であれば、10年、20年と、同じ場所に居続けることはざらにあるでしょうが、イチヒャクの場合、10年の間に3回も4回も移転することがあります。結構忙しいのです。

こうした変化を自然に楽しめる組織がイチヒャクを達成していきます。また、イチヒャクを実現していく過程では、従業員同士が言葉によって思いを強化し合っていきます。

これを認知科学的に表現すると、「脳をだます」とでもいえるかもしれません。とてつもなく大きなゴールを設定して、そこに向かっていくことは「壮大な勘違い」とも言えます。妄想と言えば、妄想です。ただし、この妄想は手綱をしっかり握った上でのもの。コントロールできます。心から望んだもので、「実現していこう」という意志があります。

あなたも「変わらなきゃ」なんていう現状の自分を強く意識してしまう口癖をやめて、イチヒャクを目指し、壮大な勘違いをしてみませんか。あなたがどれだけのスケールで妄想したとしても、誰にも迷惑はかからないのです。

脳（＝心）が「望ましい状態」の実現を無意識に目指す

すでにお話ししたように、認知科学は脳と心の仕組みを理解しようとする学問です。その中で、この本では特に「2つのゲシュタルトを同時に認識・維持できない」という脳の働きをお伝えします。

ゲシュタルトとは心理学の用語です。人間の精神を部分や要素の集合ではなく、全体性や構造に重点を置いて捉える際の、全体性を持ったまとまりのある構造を指します。人間は2カ所に同時に存在することはできません。どんな人でも体温は1つ。2つ持っている人はいません。脳が2つのゲシュタルトを同時に認識・維持できないのも、それと同じことです。

脳は1つのゲシュタルトを認識すると、それを維持しようとします。これを「コンフォートゾーン」と呼びます。コンフォートゾーンは自分にとって慣れ親しんだ場・空間・状態のことです。

この仕組みを応用して、自分にとって「望ましい状態」がコンフォートゾーンになるようにします。そうすれば望ましい状態が実現するように無意識が働きます。

ここで、心を生み出しているのは恐らく脳だと考えられますから、脳と心は一体のものだと考えていいでしょう。認知科学では脳と心を合わせて「マインド」と呼ぶこともあります。もちろん、最近では脳以外の部分が脳と連携を取りながら似たような役目を果たしている可能性が示唆されています。とはいえ、一般的に考えて、心が脳から生まれていることに対して、多くの人は異論がないでしょう。

しかし、今から1000年前の人々は、心がどこにあるかなど知りようがありませんでした。その人たちに「心はどこにありますか？」と尋ねたら、胸を押さえたはずです。これは世界共通の反応だと思います。実際のところは、多くの人にとっては脳がどうであるかより、心がどうであるかのほうが大事でしょう。心と、その背後にある脳とを一体として理解できると、何かを成し遂げたり、周囲と友好な関係を築いたりすることが圧倒的に簡単になります。

コンフォートゾーンの移行で成果を挙げる

コンフォートゾーンについて、概略をまず理解していただくために、これを移行させて成果を挙げた例を見てみましょう。私のクライアントや知人のケースから、いくつかを組み合わせてご紹介します。

事業承継にまつわる話です。全員がそうとは言い切れませんが、二代目社長は得てして先代に比べて馬力不足です。自己評価も低いことが多く、どこか引け目を感じているようなところがあります。これがセルフトークによって強化されていきます。

最大の問題はゴールを設定できていないこと。二代目は自分でゴールを設定できない状態に置かれていることが多いのです。以下が典型的なケースです。

二代目は生まれたときから創業者の後継と目されています。まずは修行と称して外の会社で働き、20代後半から30代半ばくらいで父親の会社に入社。

若くして入ってきた場合は現場も経験しますが、ある程度年齢が高ければ、いきなり部長級で処遇されたりもします。とはいえ、役職だけあてがわれてもなかなか自信を持てません。

そして、時機が来れば社長に就任します。創業者の勇退や死去に伴って、というのが一般的です。このとき、二代目にはゴール設定がなく、自信を持てないまま、というコンフォートゾーンががっちり出来上がっています。このコンフォートゾーンには周囲との関係も含まれています。いわば、「お坊ちゃん」。社長になっても、この状態から抜け出すのは容易なことではありません。

社長就任を機に二代目が「変わろう」としてもすぐには無理です。周囲との関係を一つひとつ変えていかなければなりません。周りとのしがらみを断ち切らない限り、本当の意味での変化は訪れないのです。

ＣＥＯコーチングでは認知科学の力を借りながら、二代目と周囲との関係を一つひとつひっくり返していきます。その上で新しいコンフォートゾーンに移行できるようにします。

その間にも、社内ではいろいろな出来事が起こります。二代目が独自路線を打ち出して暴走し始めることもあります。「自分の考えと合わない」と古参の幹部社員を放逐することもあります。

コーチングでは二代目に対して、「あなたの力が足りないのではない。誰がやったとしても、同じことになります」と説きます。これで二代目は肩の荷が下りるのです。

二代目が周囲の人とともに作り上げているコンフォートゾーンを認識し、コンフォートゾーンごと動かしていきます。動かしていけば、ついてこられない幹部は自然と去っていくでしょう。残る人は残ります。二代目は、一緒にやっていける人とだけ手を携えていけばいいのです。

コンフォートゾーンは決して固定的なものではありません。先代が退き、二代目を取り巻く人々が変化し、新しいコンフォートゾーンが形成されていきます。

自転車は漕ぎ始めが大変です。漕ぎ続けていくとどこかで楽になる段階がやってきます。同様に、事業承継も最初は大変ですが、上手にコンフォートゾーンをずらしていくことができれば、望ましい方向に進んでいくものです。

CEOコーチングは3つのパーツに分けられる

CEOコーチングは次の3つのパーツに分けられます。

1 ゴール理論
2 フィードフォワード理論
3 コーズ理論

ゴール理論とコーズ理論についてはすでにお話ししました。

フィードフォワードはコミュニケーション手法のひとつです。欧米ではごく一般的に行われている人材育成技術の「フィードバック」の良さを生かしつつ、フィードバック特有の「欠点や改善点の指摘に終始する点」を回避し、未来に目を向けて前向きな変化を起こしていくことに重点を置いています。フィードバックと比較すると、よりポジティブで生産的な手法と言えます。

3つのパーツのうち、大元《おおもと》となるのはコーズ理論です。それでも3つ目に置かれているのには理由があります。

CEOコーチングでは、未来度を高めるアプローチを採用します。フィードフォワード理論はそのためにあるものです。

実は、コーズ理論から出発すると、多くの場合、失敗に終わります。脳が2つのものを同時に認識できないことはすでにお話ししました。私たちは過去に縛られながら、同時に未来に目を向けることはできません。コーズ理論から出発すると失敗するのはこのためです。

未来に目を向けている限り、過去にとらわれることはありません。過去に素晴らしい成果があるのなら、そこばかりを振り返っていてもいいでしょう。しかし、過去を見ている時点で未来に向かおうとする力や、自信が削がれます。多くの人は過去よりも良くなろうと考えて何かに挑戦しているのですから、未来に目を向ける時間を増やしていくためにも、コーズ理論は最後の最後に追求することにしています。

コーズはゴールを規定する重要な要素です。ただし、ゴールを大きくすることでコーズに働きかけることもできます。ですから、何を主たるエンジンとするかと考えれば、ゴールを選ぶべきです。

ゴール理論は、単純に言えば、「ゴール設定をする力」と「自分を信じる力」を2本の柱としています。そこに第3の力として「人を巻き込み動かす力」を加えています。

図表3　CEOコーチング®の体系

名称	内容	主要コンセプト	本物度（Levels of Authenticity）の構成要素
ゴール理論 Goal theory	**自分の才能を発揮して豊かに幸せに生きるため**の考え方と方法 →コンフォートゾーンを移行させるための考え方と技術	**3つの力：** →未来を視る力 →自分を信じる力 →人を巻き込み動かす力	● 抽象度 ● 現状の外度
フィードフォワード理論 Feed Forward theory	**未来を起点に生きるため**の考え方と方法 →未来に意識を向けて行動することができるように促すための技術	● フィードフォワード ● フィードフォワードアクション ● フィードフォワード 1 on 1面談 ● フィードフォワード業績評価面談 ● フィードフォワードミーティング	● 未来度
コーズ理論 Cause theory	**「自分」を知り、天才に近づくため**の考え方と方法 →ルーツ、原体験 →「なぜそれをするのか」に対する本源的な理解	●「コーズ」と「ゴール」の関係 ●「コーズ」と「ゴール」と「エフィカシー」の関係	● コーズの強度 ● コーズの高度

出所）KAZUYOSHI HISANO AND CONOWAY, INC.

カギになる「人を巻き込み動かす力」

認知科学によれば、本来は2本の柱だけで十分うまくいくはずです。それなのに、それだけではうまく前に進めないケースがあります。ゴールを設定したり、自分を信じたりすることは、決して簡単なことではありません。後でお話ししますが、実際、難しい要素も含まれます。アクションを起こせず、現状にとどまってしまう人も多いのが実態です。

うまくいっている人と、なかなか前に進めない人をつぶさに観察して、あるとき気づいたことがあります。それぞれのアクションの取り方は「周囲の人とどのように関わっているか」によって大きな違いがあったのです。なぜでしょうか。

ゴールドビジョンはゴール設定と自分を信じる力によって、コンフォートゾーンを移していくアプローチです。

では、コンフォートゾーンとは何か。自己イメージであり、自分に対する認識です。自分は何でできているかといえば、いろいろな要素がありますが、詰まるところは人とのつながりでしょう。どんな人とつながっているかということが自分を規定する要素の中でかなり大きな部分を占めます。

そこで、コンフォートゾーンを移行する上で、ゴールを設定する力と自分を信じる力に加え、「どんな人と一緒にいるか」「どんな人と一緒にいたいか」を追求する「人を巻き込み動かす力」を組み合わせることにしました。そして当初は「2本の柱＋1」と考えていたのですが、だんだんと「人を巻き込み動かす力」こそが、特に大事なのではないかと思うようになりました。

コンフォートゾーンの移行がうまくいく人はとりあえず動き出します。そして周りの人と関わりながらやっていくうちに、目指す方向が定まり自信もついていきます。一方、ゴール設定の力や自分を信じる力がいくら高くても、周囲の人との関わりが弱ければ、いつまで経っても勉強熱心で頭でっかち、という段階にとどまってしまいます。

ゴールドビジョンメソッドの特徴としては、「人を巻き込み動かす力」を中心に据えている点が挙げられます。

CEOコーチングと他のコーチングの違いは何か？

「CEOコーチングと他のコーチングはどこが違うんですか？」

そんな質問を受けることがよくあります。端的に言えば、答えは次の3点に集約できます。
①認知科学を基礎としている
認知科学は私たちの先人たちが、長年にわたって研究してきたことの集大成です。
②ゴールドビジョンを軸にしている

ゴールドビジョンはそうした先人たちの知見を元に、私自身の体験と理論構築によって作り上げてきたものです。

③経営の様々な局面に対応してきている

経営の様々な局面とは、第1に私が経営者、経営幹部として直接関わってきた事例が挙げられます。他にもMBAを取得するに当たって勉強したことや、CEOコーチングを通してクライアントとともに積み上げてきた経験も含まれます。

これら3つの要素で出来上がっているのがCEOコーチングで、この成り立ちがCEOコーチングの特徴と言えます。そう簡単にまねできるものではないと自負しており、この本でご紹介するCEOコーチングを行うことができるプロコーチは現在、私しかいません。

少々細かい話になりますが、これまでにゴールドビジョンを教えられるコーチは私の教え子の中から何人か出ています。ですが、CEOコーチングとなると、経営に関する見識も必要となります。経営に関する成功も失敗も数多く経験している必要があります。

もちろん人それぞれですから、他のコーチと比較する必要はないのですが、あえて言うならば、エグゼクティブコーチングと名乗っている方々のサービス内容にはばらつきがあるのは間違いないでしょう。たとえば、経営コンサルタントで起業家の大前研一さんのような方がコーチングをされるのであれば、かなりの効果があるでしょう。ですが、コーチングを生業としている方の中で、CEOコーチングを看板にしてクオリティを出していける方はあまり多くないと想像できます。

ＣＥＯコーチングには固有の難しさがあります。クライアントもそれ相応の経験を積んだ人物であることが前提。それぞれの分野で成果を挙げています。そうした方々からの信頼と尊敬を獲得し、「会ってよかった」と思ってもらえるような価値を提供し続けなければなりません。プロコーチはそれだけの存在であり続ける必要があります。経験だけでなく、勉強を続けなければならないのも当然のことです。

ＣＥＯコーチングの３つのメリット

会社によって多少の違いはありますが、私は、経営者は共通した５つの悩みを抱えていると考えています。

１　売上
２　人
３　資金繰り
４　プロセス
５　イノベーション

これら５つの悩みの中でも特に大きいのは、「売上」「人」「イノベーション」でしょう。

ＣＥＯコーチングは、これら3つの悩みをダイレクトに解決できます。これは大きなメリットと言っていいでしょう。

▽メリット1　売上を伸ばすことができる

売上を伸ばすためにはマーケティングだけでなく、商品やサービスの開発も大事な要素です。極論を言えば、売り出す前から「売れるもの」は決まっています。「どれくらい売れるかわからないけど、売り出してみよう」と考えているようでは、ヒットは難しいでしょう。「あまり売れそうもない」商品やサービスの場合、事前に売れるように加工してから売り出す必要があります。

商品やサービスの設計にも、ＣＥＯコーチングは生きてきます。ゴール設定をしていく中で「売れている状態」をイメージします。そうすると、そうなるためにはどうしたらいいのか、その答えに至るためのヒントを脳が見つけてくれます。抽象度（物事をどの程度抽象化して捉えるか、ということ。より厳密には、「概念に階層性がある前提で、その概念を定義する情報量の大小の度合い」とされる）が上がり、視座が高くなることで、今まで考えつかなかった商品やサービスを思いつくことができるようになります。

抽象度が高い視点を持つことができるようになると、脳が活性化して物事の本質に迫ることができるようになります。

理想的なのは、個人ではなく、チーム全体の脳がそのように働いている状態です。このとき、構成員それぞれが自律的に動く中で何をすればいいのかが見えています。たとえるなら犯罪捜査に当たる「捜査一課」のようなものです。それぞれの刑事は独自の勘で行動しているかもしれませんが、各人が拾ってきた情報を付き合わせた結果、「あいつだ」と容疑者が浮かび上がる。そんなイメージです。

▽メリット2　組織と人の問題を解決することができる

問題解決のために必要な要素を挙げてみましょう。

- モチベーション
- 組織変革
- リーダーシップ

これらはいずれも脳と心に深く関係しています。これらにアプローチするのは、CEOコーチングが特に得意とするところです。

たとえば、モチベーション。モチベーションが高い状態にあるとき、脳内ではドーパミンが分泌されています。ドーパミンをいかにして出すかは「未来を見る力」のゴール設定の3用件の(1)「ゴールは現状の外に設定する」と、(2)「『want to（心から望むこと）』にする」にかかっています。この2つはゴール設定の中核です。

多くの場合、モチベーションが上がらないのは、「have to」のことをやらされているからです。自分のプロジェクトであれば「want to」ですから、もともとモチベーションは高いはずです。しかし、ルート営業のように「やったところでそれほど伸びない」「やらなくてもそこそこできてしまう」ような業務では、モチベーションが上がりづらいでしょう。たいていの場合、自分でゴールを設定していないからです。

モチベーションを上げる施策としてよく用いられるのが「インセンティブ」。成果に対して褒賞を与えるというものです。しかし、これはあまり有効ではありません。短期的には効果が出ても、いったん終わってしまえば、元に戻るか、むしろ下がってしまいます。総体で見ればプラスマイナスゼロ、場合によってはマイナスということも多いのです。カンフル剤を多用すると、組織は「いつもムチを打たれながら走っている状態」に置かれ、「have to」の傾向が強まります。結果的に疲弊していくのです。

モチベーションを上げたいのであれば、ドーパミンを出せばいいのです。自ら設定したゴールに向かって走っていく。しかも、そのゴールが人生の目的と合致していれば、より高いモチベーションが生まれます。

組織変革もCEOコーチングが得意な分野のひとつです。なぜ、組織変革は失敗しやすいのでしょうか。コンフォートゾーンを意識しないまま進めてしまうからです。脳には「元に戻りたい」という働きが備わっています。それを無視して変革を推進しても、ちょっと進むたびに「元に戻ろう」とする力に押し戻されてしまうのです。

脳の働きを理解しておけば、コンフォートゾーンの移行はかなり楽になります。そもそもこの移行がうまくできないようでは、「イチヒャク」など夢のまた夢です。組織全体のコンフォートゾーンが絶えずゴール方向に動いているのが理想。従業員の中には、先に動く人と後から動く人がいます。この点をよく理解して、それぞれに対してのケアを丁寧に行いながら組織を動かしていく。そうすれば、チーム全体が進み方を覚えていきます。だんだん早く動けるようになっていくでしょう。

リーダーシップも同様です。ここで言うリーダーシップとは、「組織で何かを成し遂げるために必要な能力の総称」です。だとするならば、ゴールドビジョンやCEOコーチングに含まれる要素は必要でしょう。ゴールを設定し、チームとして自信を持って取り組む。未来を見て、そもそも何のためにそれをやっているのかを明らかにするのです。

通常の組織運営においても、未来思考、フィードフォワードを取り入れたほうがうまくいきます。今、過去の業績をフィードフォワードでどう評価するかが問われています。これも未来に目を向けてから、過去の業績について考えてみる。順番を変えるだけで、大きな違いが生まれます。

▽メリット3　イノベーションを起こすことができる

イノベーションには「抽象度」が大きく関わってきます。思考の抽象度を上げることで、今まで誰にも見えていなかったこと、誰も気がついていなかったことを、自分だけ、あるいは自社だけが見ることができるようになり、真にイノベーティブな発想を得ることができるようになります。

業績アップ、事業規模拡大、新規事業に生かせる

業績アップや事業規模の拡大、新規事業にもCEOコーチングは有効です。

業績アップとは、「売れるようになる」ことです。実は、CEOコーチングの面白い点は、業績アップに貢献しているにもかかわらず、因果関係が見えにくいことです。

「久野さんに話を聞いてもらっているだけなのに、なぜうちの業績は良くなっているんですか？」

ときどき、クライアントである経営者から聞かれることがあります。

従業員数十人という会社はもちろん、数百人規模の会社であっても、私が社長と話をするだけで業績は良くなる。社長が変化して、それが社員に伝染していくからです。社長の脳の変化を受けて、会社は「社長の脳を反映した組織」に生まれ変わっていきます。このことについては次の項で詳しくお話しします。

事業規模拡大においても、CEOコーチングは効果を発揮します。

たとえば、M&A。事業規模拡大の一環として企業の買収や合併を行いたいと考えている経営者は増えています。M&Aを成功させるためには、抽象度の階段を自在に昇降できる能力が

必要になります。

また、新規事業を始める際にも高い視座、高い抽象度が必要です。これらの抽象度に関わる能力はCEOコーチングを通して獲得できるものです。

さらに、新しい発想を得られたのはいいが、速やかな行動に結びつかない。そんな事例もよく見られます。行動を加速させるために、フィードフォワードによる未来思考や、「人を巻き込み動かす力」が強力なエンジンとなります。

社長の器が大きくなると会社は勝手に大きくなっていく

「社長の器」という表現をときどき目にします。資質や度量という意味で使われることが多いようです。しかし、この本では「器」を「脳と心の働き」と定義づけたいと考えます。

CEOコーチングを通じて会社が大きくなるとき、その会社は「社長の脳を反映した組織」へと変化していきます。

これも認知科学のひとつの発見ですが、脳内の状態は伝染することがわかっています。臨場感を共有することで、チームを構成するメンバーの脳は、より一体化するのです。

コンサートやミュージカルなどで、大勢のダンサーが一糸乱れぬ踊りを披露しているのを見たことがあると思います。練習の積み重ねによって全員が脳内で同じイメージを共有できるようになると、脳の指令によって行われる手足の動きも、ぴったり一致してくるものです。社長がゴールの世界に強い臨場感を抱いていると、従業員もそんな気がしてきます。これは強制するものではありません。自然に起きる現象です。

誰しも経験があるでしょう。親しい友人が最近見た映画の話を熱弁してくれたあと、どうしても見たくなってしまう。ときにはその映画の1シーンが頭の中に浮かぶような気さえしてきます。

社長が「壮大な勘違い」である大きなゴールを従業員に語りかける。その結果、「壮大な勘違い」は従業員に伝わります。やがて従業員たちはこの「壮大な勘違い」を自分のことのように思えるようになっていくのです。

その結果、従業員は社長と同じスピードで動けるようになります。もちろん、社長自身も動き続けなければなりません。

これは大きな変化です。ただし、このままでは従業員は社長以上の存在にはなり得ません。理想を言えば、従業員には社長を超えていってほしい。

社員が社長の器を超えて成長し、大きくなっていく。社長を凌駕するプレーヤーが複数生まれていけば、本当の意味で組織は変わります。未来に対して組織全体が面白みを感じて進んでいれば、イチヒャクも現実味を帯びてきます。社長がいつまでも頂点という会社では、イチヒャクは到底不可能です。せいぜい「イチニジュウ」くらいが限界でしょう。

社長の本質（ルーツ）をえぐり出す

イチヒャクを目指す経営者が必ず答えなければならない2つの問いがあります。「なぜそれをやるのか？」と「あなたは誰か？」です。

イチヒャクを実現するには、社内の変革だけでは不十分です。お客さまや外注先など、より多くの人を動かす必要があります。そのために、前述した2つの問いにストレートに答えなければならないときが必ずやってきます。

これは経営者にとって、かなり本質的な問いです。社長個人の欲求や欲望だけでは、イチヒャクを成し遂げることはできません。裏を返せば、イチヒャクの経営者とは、そうした私利私欲の彼方にあるともいえます。

現実的な話をします。経営者の実感としては、年商10億〜20億円くらいの規模が一番自由に切り盛りできます。従業員は少なく、経費も思い通りに使え、取締役会もうるさくない。理想的です。

これが30億〜50億円くらいになってくると、だんだん面倒になってきます。オーナーであっても他の役員の顔色もうかがわなくてはいけないですし、会社と社会・地域の関係も強固になってきたりするからです。１００億円ともなれば、ややこしいことだらけでしょう。

経営者が受け取る報酬の問題もあります。年商10億円の会社が30億円になったら、社長の報酬も3倍になるのか。これは悩みどころです。会社を大きくしていくことは経営者にとって割のいいことばかりではありません。

「今くらいの商売でいい」と考える経営者は大勢います。にもかかわらずイチヒャクを目指すというのであれば、「なぜそれをやるのか？」「あなたは誰か？」と問われるのも当然なのです。

もっとも、これは中小企業の社長に限った話。大企業では少し様相が異なります。

大企業では一般的に、メンバーの間でゴールやコーズの大きさにそれほどの差はありません。ただ、なかにはゴールやコーズに強い思いを持っている人がいます。その人には強い求心力が備わります。これはまさに「壮大な勘違い」でしょう。

日本経済新聞のコラム「私の課長時代」を読むと、のちのち社長になるような人は、たいてい課長時代から起業家的に立ち回っていたことがわかります。時代背景もあるのでしょうが、かなり好き勝手にやっています。「これは自分がやらなきゃ」という熱い思い、ある種の勘違いを抱えている人は昇進しやすい、認められやすいとも言えます。

その意味では、中小企業の社長も大企業の社長も同じなのかもしれません。

なぜコーズが大切なのか

ここでひとつ大事なお話をします。コーズが大切である理由についてです。

大勢の人を動かすために必要な要素には、「権力」「金」「正統性」「支援者」の4つがあります。

たとえば、あるところに「ピラミッドを造ろう」とした場合、一番強力なのは権力を用いることでしょう。それがないなら、お金を使います。

両方ともない場合、力を発揮するのが正統性。「あの人はリーダーだから」「彼が言うのなら仕方がない」と多くの人が認めるのであれば、人々にピラミッドを作らせることも可能でしょう。これが正統性です。

この点、コーズは正統性を纏い、支援者を得る理由になります。よく例として挙げるのが、アメリカのマーティン・ルーサー・キング・ジュニア氏。「I Have a Dream」（私には夢がある）の演説で知られる公民権運動の指導者です。彼は一介の牧師に過ぎませんでしたが、いつの間にか正統性を纏い、支援者に囲まれるようになりました。強いコーズを持ち、それを上手にプレゼンすることができたからです。

強いコーズをうまく伝えられれば、あなたにも正統性と支援者がついてきます。イチヒャクを実現していく上で強力な追い風となるでしょう。

自分が本当にやりたいことに気がつく

イチヒャクを実現していく経営者には、必ず「その人でなければならない理由」があります。それを見つけるにはどうすればいいのでしょうか。

ゴールを見つめ続け、そしてゴールから今を見ることです。そのことによって、自分が見えてきます。そのうち、過去にも目がいくようになります。過去を見ることから始めないでください。あくまでも未来思考、フィードフォワードを意識することが大事です。

「これが自分の原体験なんだ」

と実感できるようなもの、コーズに出会うことにつながっていくでしょう。

コーズを見つけるのは容易なことではありません。「自分のコーズは何だろう」と考え続けたからといって、見つかるものでもないのです。ある日、「ああ、こういう理由で自分はこれをやっていたのか」と気づき、腹にストンと落ちる。そんな見つかり方が多いようです。

自ら進んでやりたいこと＝「want to」は、脳の働きからいっても最強。達成するためには、どんな苦難でも乗り越えられます。しかし、それが何であるのかがなかなかわからないものです。

もちろん自分が創業者であれば、「本当にやりたいこと」をあらためて考える必要はありません。もともとやりたいことをやっているからです。

しかし、二代目、三代目となると難しくなります。事業を継承したときから、「やらなければならないこと」が常に目の前にあります。従業員も抱えています。社業を堅実にこなさなければなりません。しかし、誰にでも「本当はこういうことこそがやりたい」という事業、分野はあるはずです。

知り合いの社長の例です。この方は創業者ですが、年商80億円前後の売上を20年間かけて作って、立派に成功しました。ところが、ある日、「俺の人生は仕事ばっかり。趣味なんて全くない」と思うようになります。そこで本業のかたわら、南半球のある国で小規模なリゾート施設を始めました。やってみたら結構面白い。趣味的に続けながら、だんだんと事業にしていきました。

もうひとりの社長は「コーチングがやりたい」と言い出しました。プロに弟子入りし、自分の会社の中に部門を立ち上げました。事業化はできなかったものの、自社の教育体系の中にコーチングを組み入れ、現在も続いています。

「やりたい」気持ちに蓋をする必要はありません。本業を生かしながら、「本当にやりたいこと」を形にしていってもいいのです。

夢を実現する道の最短距離が見えてくる

　脳は夢を実現する最短の道を示してくれます。結果として、自動的に最短距離を経て夢にたどり着くことができるのです。初めから最短距離があるというより、「あとで考えてみると最短距離だった」といった感じでしょうか。

　ゴールを設定した段階でゴール側に強い臨場感を持ち、コンフォートゾーンを一時的にでもそちらに移してしまえば、目の前にいくつものヒントが浮かんでくるようになります。

「この本を読んだほうがいい気がする」
「このお誘いには応じたほうがいい気がする」
「今日は休んだほうがいい気がする」

　すべて「気がする」。こういう直感に従うことで、気がつくとゴールに近づいているのです。いちいち考えたり、優先順位をつけたりする必要はありません。そのときどう感じているかに従って選んでいくと、進んでいけます。

　ただし、注意も必要です。最短が最良とは限りません。「最短にしていこう」という考えでルートを選ぶ姿勢は間違っています。一見遠回りと思える道程であっても、今目指しているゴールの「その先のゴール」への道が含まれていることがあるからです。脳と心がそんな道を指し示してくれているのであれば、通ってみることが肝心です。

大成功者と呼ばれるような人物は無意識のうちにこうした選択をしているものです。「なぜ、今日ここに来たのですか?」と問われても、「わからない。何となくそんな気がしただけ」としか答えられない。それでいいのではないでしょうか。

「考えるな、感じろ」("Don't think, feel.")

映画『燃えよドラゴン』の冒頭で主演のブルース・リーが口にするセリフです。後に映画『マトリックス』でも引用されました。このセリフにすべてが集約されているような「気がします」。

もちろん、「感じる」ためには、自分がなりたい姿、ゴールが明確になっていなければなりません。闇雲に感じているだけでは、目先の欲望に振り回されることにもなりかねません。

経営者の意識レベルの進化

私がCEOコーチングを行う際、重視していることがあります。「クライアントはどこを目指しているのか」、そして、「今、どこにいるのか」を理解することです。クライアントと関わる上でそれらを理解することはとても重要なのです。

順番も注目してほしいところです。「今、どこにいるのか」→「どこを目指しているのか」ではなく、「どこを目指しているのか」から始めます。これがフィードフォワードです。

図表4　経営者の欲求階層

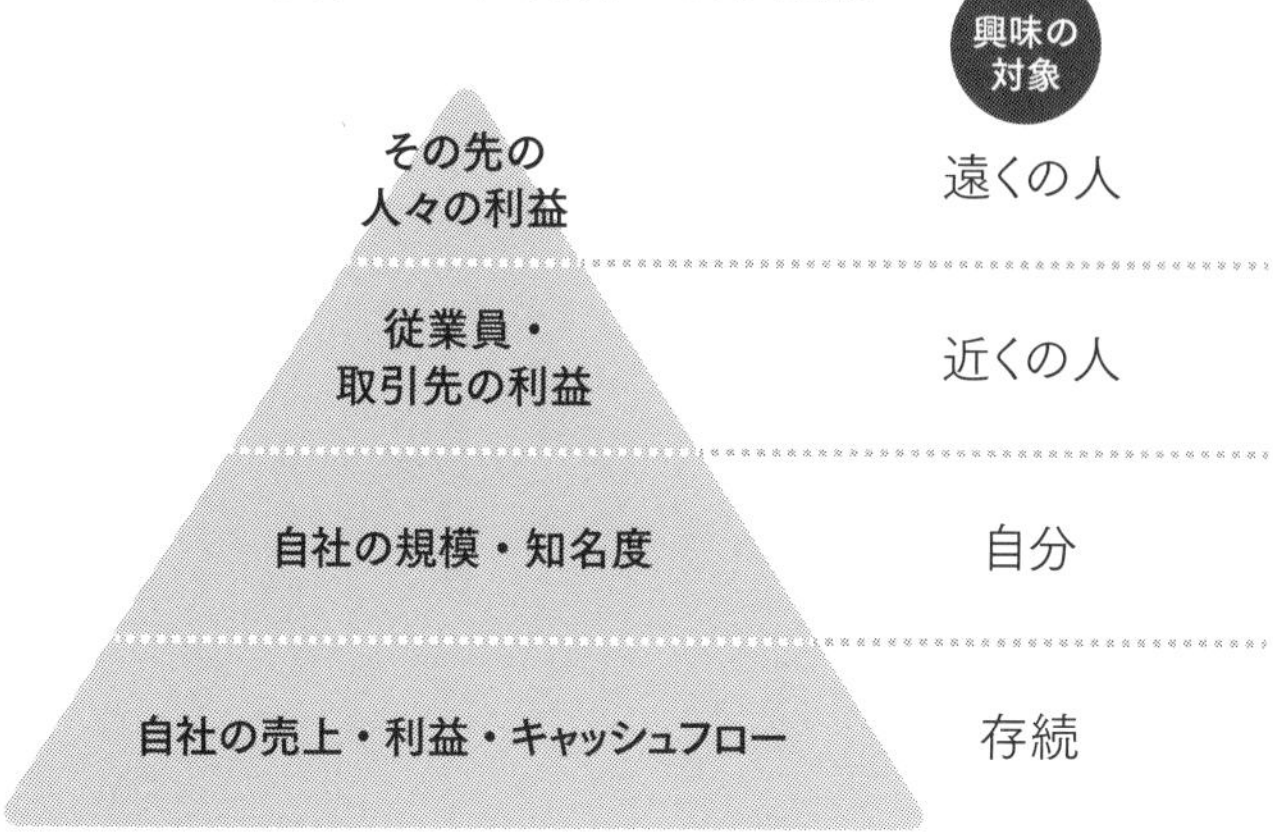

出所）KAZUYOSHI HISANO AND CONOWAY, INC.

普通は「どこにいるのか」から始めると思います。ただ、これでは推進力が著しく削がれてしまいます。「どこを目指しているのか」を確認した上で現在位置に進む方が、はるかにスピードが速い。これが私の理解であり、経験です。

何を目指すかによって、取り組むべきことは異なってきます。

「どこを目指しているのか」が定まれば、会社の成長段階と経営者の精神段階の間に横たわるギャップが明らかになります。これによってやるべきことも違ってくるので、クライアントごとに話す内容や助言の質が変わります。

経営者の意識レベルの変化を4つの段階で表してみます。

1　自社の売上・利益・キャッシュフローを追い求める段階

2　自社の事業規模拡大、知名度アップを追い

求める段階

3　従業員、スタッフ、取引先に手厚く報いたくなる段階

4　その先の人々の利益を考える段階（その先にできることが見えてくる段階）

段階を追って成長していった企業の一例を挙げれば、パナソニックやソフトバンクでしょうか。松下幸之助さんは早いうちから4の段階を見据えつつも、その時々で必要なことをやっていったと言えます。

ベンチャーでは、私の知人が経営するオトバンクもそうです。オーディオブックの製作・販売・管理を行っている同社は順調に成長を続けていますが、上田渉会長の視線はやはり4の段階を向いているように見えます。

チームリーダーにも受けてもらいたいコーチング

会社の中でどんなポジションにいるとしても、「経営者」としての感覚を持つことが重要です。結果として圧倒的な成果を上げられるようになります。

CEOコーチングの対象は第一義的には経営者です。ただし、「チームリーダーにも受けさせたい」と経営者が感じるようなコーチングでもあります。

次の経営幹部を育てることは経営の重要課題です。現在のチームリーダー級を鍛え、次代の

幹部候補に引き上げていく。この流れはイチヒャクを実現していく企業には必須のものです。多くの経営者がＣＥＯコーチングを「チームリーダーにも受けさせたい」と考えるのも自然なことです。

ＣＥＯコーチングに触れ、経営者の視点を持った幹部候補の脳内では何が起きているのでしょうか。当然のことながら、彼らは経営者並みに自律分散的に動けるようになっています。自律分散は自主的、主体的と言い換えてもいいでしょう。

今の時代、チームリーダーたちにはまさにそうした動き方が求められています。そして、今後はますますその傾向が強まるでしょう。

理由はいくつか考えられます。テクノロジーの進歩もあり、「ひとりでできること」が増えてきました。経営者としては、「ひとりでできるところまではとことんやってほしい」というのが本音でしょう。

たしかに製造業でも、みんなでモノ作りというような光景は過去のものとなりました。手作業の割合がどんどん減り、大きな工場でも操作するのはひとりということも珍しくありません。こうした変化も「経営者並みに自律分散」を加速させている要因のひとつでしょう。

もうひとつ、国内産業の成熟も大きいと言えます。自分で情報を収集して、考える土壌が生まれてきています。若い人たちにもっと権限を与えてみればいいのではないかと思います。その方が能力も発揮でき、楽しく働けるでしょう。

別の言い方をすれば、全体として教育水準が上がっているのです。今の若い世代は誰でもエクセルは使えますし、インターネットでの情報収集も当たり前です。国語や算数のような従来の教科に加え、小学校でプログラミングも学ぶ時代です。知的水準は間違いなく上がっているでしょう。それを上手に引き出していけば、今よりも大きな成果を挙げられるはずです。

私が会社勤めをしていたころ、何十人かいた部下のほとんどが「本当はもっとできるのに、何となくお茶を濁している」ように感じられました。日本の人材には潜在能力があります。普通にやらせてあげればもっと伸びます。

ちなみに、コーチングに熱心な大手金融機関では、ある事業部の責任者がCEOコーチングを受け、その後、業績は右肩上がりとなりました。その方は、自分よりも2〜3段階上にいる経営トップの気持ちになってコーチングを受けたことで、リーダーとして大きく成長しました。

リーダーシップの正しい黄金律

ゴールドビジョンにはリーダーシップモデルがあります。認知科学を拠りどころとしている点が大きな特徴です。既存のリーダーシップ論の重要論点を考慮した上で、未来を創造するために必要な要件を網羅しています。未来思考の重要性は何度も強調してきました。その上でコ

図表5　ゴールドビジョン®リーダーシップモデル

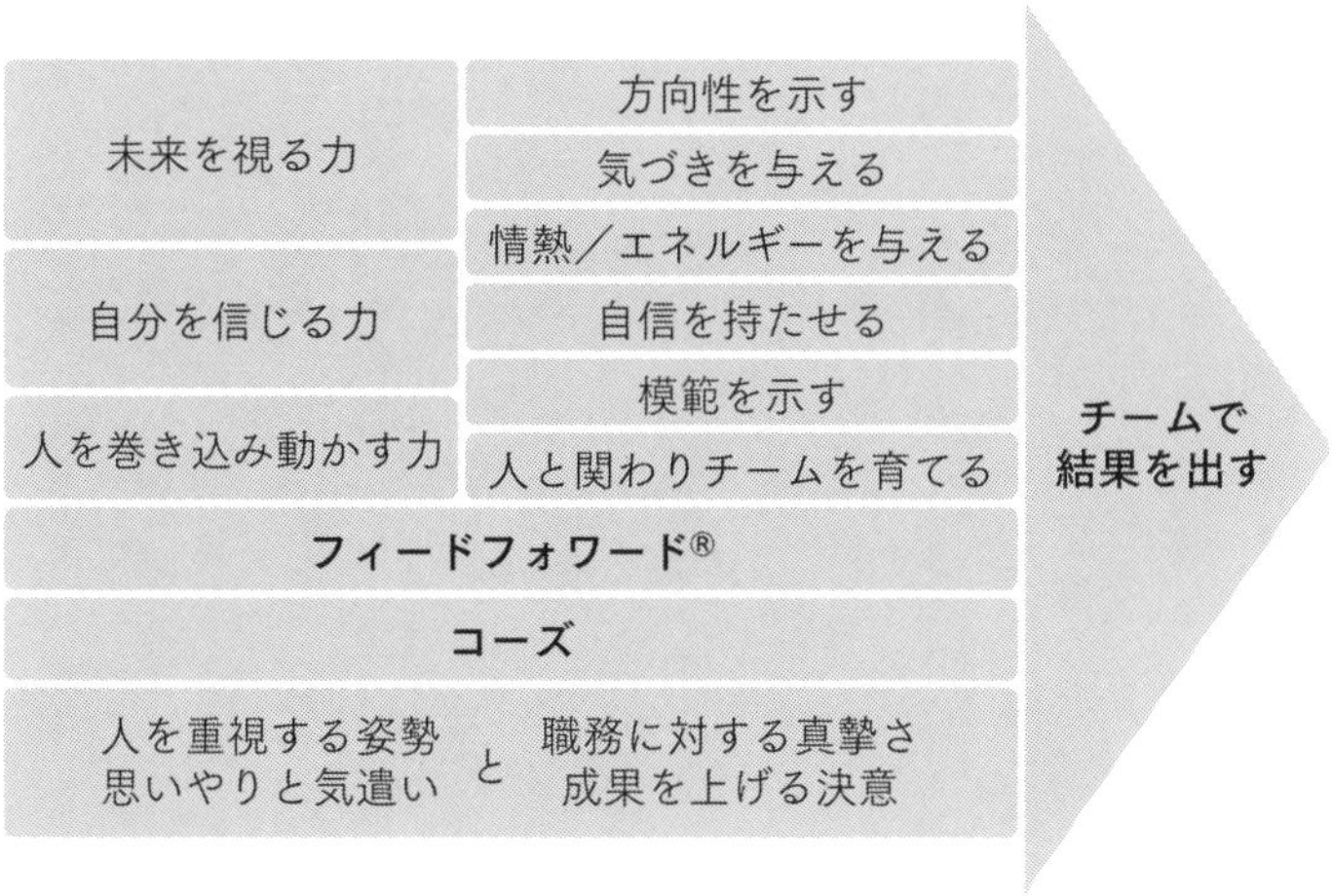

出所）KAZUYOSHI HISANO AND CONOWAY, INC.

ンフォートゾーンをいかに動かしていくか。ここでゴールドビジョン®リーダーシップモデルが力を発揮します。

既存のリーダーシップ論には改めるべき点も含まれています。考えなければならないのは、「過去思考か、未来思考か」です。

ここで、世にいうリーダーシップ論の多くは「過去の最適化」、よくて「現状の最適化」を目指しています。これは、過去数十年間、「ベストプラクティス」というコンセプトが徹底的にもてはやされてきたという事実に象徴されています。他社の成功例を研究し、自社の事業に当てはめる。ベストプラクティスのベクトルは完全に過去を向いています。それでうまくいけば、しばらくの間はそこそこの成果を挙げられるかもしれません。しかし、持続可能とは言えないでしょう。

　こうした手法がなぜ、これまでまかり通ってきたのか。相対的に会社経営をめぐる環境が安定的だったからです。そのため、数年間は延命でき、イノベーションのふりをすることも可能でした。

　しかし、現在は2年先のことですら見通せない状況です。環境の変化がこれだけ激しくなっているなか、他の会社が3年前にうまくいった事例を学んで自社に当てはめてどうするのでしょうか。過去に軸足を置いたリーダーシップ論には限界があるのです。

　かつて「未曾有の変動期」と見出しが打たれた経済誌の記事を目にする機会がありました。初出は１９５０年代。高度経済成長期のど真ん中でもそうだったように、どんな時代でも、それなりの揺らぎはあるものです。

　であるならば、なおさらです。20世紀型のリーダーシップ論を現在もそのまま流用するのは、やめにしたほうがいいでしょう。

　私の立ち位置は「誰も見たことがない未来を作っていくほうが楽しくないですか」というものです。歴史に学ぶことはたくさんありますし、楽しいのも確かですが、それは趣味の範囲にとどめておくべきでしょう。過去の事例をそのまま現在の経営に当てはめて得られるものは、ほぼないと知っておいてください。

組織リーダーの「脳内状態」は伝播する

リーダーが感じていることは「臨場感の共有」という形で伝播します。このことはすでにお話ししました。ここでは、もう少し詳しく説明することにしましょう。

この伝播は無意識レベルで起こります。イライラしている人が側にいるときに、自分まで嫌な気持ちになったことはありませんか。反対に明るい人と接することで、こちらまで楽しい気持ちになった経験をお持ちの方もいるでしょう。

このように臨場感がそのまま共有されることがありますが、次のようなケースもあります。

私のクライアントに、ある会社の営業部長を務めている方がいます。仮にAさんとしておきます。

Aさんには「自信がありそうで、なさそう」という特徴があります。40代半ばでかなりのスポーツマン。成果も挙げています。CEOコーチングを受けるくらいですから、会社からも期待されています。

でも、Aさんは自信がありそうで、なさそうなのです。最初にお話をしたときに、表情に変化がないことに気がつきました。少し目が座っています。

「Aさん、『怖い』って言われるでしょう？」

そう水を向けてみました。「え？」とご本人は意外そうです。強面で知られる某作家の写真を見せて、私はこう畳みかけました。

「ここまでとは言いませんけど」

比較の対象を目にしたことで、Aさんも合点がいったようです。

「ああ、この人。目が座ってますねえ」

ご本人によれば、腹の底ではいろいろなことに腹を立てているのだそうです。「職場ではそれを出さないようにしている」とのこと。

「みんななかなか話しかけてこないんです」

「いや、皆さん、Aさんのことが怖いんだと思いますよ」

気づかないうちに部下を強く叱ってしまうことがあるそうです。それでますます怖がられます。また、人を褒めた経験もあまり多くないとのこと。でも、実はとても優しい方です。

せっかくの良さが伝わらなくてあまりにもったいないので、私はAさんに宿題を出しました。「怖く見られないようにイメージチェンジする」ことです。

認知科学的に言えば、上司が怖いと、部下は萎縮します。抽象度も下がります。脳の部位で言えば、前頭前野が多く使われると、創造的な発想をしやすくなりますが、「怒られることに怯えながら仕事をしている」という状態では「爬虫類脳」とも呼ばれる扁桃体が使われます。創造とは程遠く、こぢんまりした発想しかできなくなります。

このリーダーは「メンバーが積極的に発言しない」と不満を持っていましたが、原因は当のリーダーが「怖いから」だったのです。

リーダーの脳内状態は様々な形で伝わります。そして、それはプラスの方向にばかりいくとは限りません。マイナスの状態も伝わるので、注意が必要です。

2 未来を視る力［イマジネーション］

imagination

ゴール理論の3つの力

ゴール理論は3つの力によって支えられています。ここから順を追って、その3つの力について解説していきましょう。

▽未来を視る力

未来を視る力とは、ゴールを設定し、そのゴールに臨場感を感じる能力のことです。この本で言う「ゴール」は「目標」「夢」「ビジョン」などと言い換えられます。

良いゴール設定には満たすべき3つの要件があります。

1　現状の外にあること

この要件の充足度を測る際、私は「現状の外度《そとど》」という言葉を使っています。現状の外度が高ければ高いほど、良いゴールであると言えます。

2　心から望むことである

「心から望むこと」は「want to」とも言えます。反対概念は「have to」。「〜したい」か、「〜しなければならない」か。重要な要件です。

3　人生の各方面にまんべんなく設定

ゴールドビジョンでは「すごい軸」「やりたい軸」「たくさん軸」という言葉を使っています。詳しくは拙著をご覧ください。

「たくさん軸」に関して言えば、「バランスホイール」を描くことで考慮することができます。バランスホイールについては後で詳しく説明します。バランスホイールは個人だけでなく、会社にもあります。経営者の場合、個人のバランスホイールと、経営者（会社）としてのバランスホイールは少し異なることがあります。

▽自分を信じる力

心理学で「エフィカシー」と呼ばれるものです。英語では「セルフ・エフィカシー」という表現になりますが、日本では「セルフ」を省いてエフィカシーだけで使われることも多いようです。エフィカシーは「自己効力感」と訳されています。最近では「自己肯定感」という言葉がよく使われます。どちらを使っても構わないのですが、学術上は「自己効力感」とされます。

エフィカシーが高いと、ゴールは達成しやすくなります。低いと、達成できません。

▽人を巻き込み動かす力

この力については1章でも簡単に触れました。コンフォートゾーンは人でできています。自分のゴールを達成するために、いかにして望ましい方向に進んでいくか。そのために高めていくべき力です。「人脈力」「巻き込み力」と呼ばれるものとも近いのですが、「人を巻き込み動かす力」は認知科学に基づいて構築されているという点が大きな特徴です。

「バランスホイール」で人生の可能性を無限大に広げる

バランスホイールについて、もう少し掘り下げてみましょう。

「どんなに偉い人でもバランスホイールを作るところからスタートしていただきます」

私はCEOコーチングの現場で、よくそんな話をします。ゴール設定の第一歩として手をつける作業です。

バランスホイールは、最低でも月に1回は更新することをお勧めしています。1カ月も経てば変わってしまうからです。私のクライアントを見ても、バランスホイールを着実に更新できている人の方がゴールに近づいています。更新が滞ると、ペースが落ちるようです。

なお、ゴール設定の要件(3)「人生の各方面にまんべんなく設定」についてはすでにお話しした通りです。これも基本と考えてください。

バランスホイールは将来の自分の姿を表しています。「現状の外」「want to」を踏まえたものにするのが鉄則。バランスホイールを書く時点で複数のゴールについて考えることになりますので、この2つ（「現状の外」「want to」）を考慮してバランスホイールを書くことができれば、ゴール設定の3要件は自ずと満たされます。バランスホイールは3つの要件を一括してカバーすることができる優れたエクササイズなのです。

ただ、バランスホイールはある段階（後述）に達したあとは、必要なときに書いてみるだけで十分になります。「一生書き続けなければならない」ものではありません。実際、私ももう書いてはいません。わざわざ書かなくてもいい状態にあるからです。ただし、書けば発見がありますので、時々メモ程度に書くことはあります。

では具体的に、私がクライアントとバランスホイールを書いていく工程をお話しします。ノートに円を描き、内側を8分割し、人生で重要な項目を記入してもらいます。とりあえず書けるだけ書いてもらうようにしています。図表6にひとつの例を示しました。ただし、これはあくまでも「例」に過ぎません。ご自身の頭に浮かんだことを書くのが大事です。

この段階では8項目すべてが埋まらない人もいます。5項目くらいで手が止まってしまうことも珍しくはありません。でも、心配はご無用です。

また、たとえば「家族」の項目で、一緒に暮らしている家族と、親や兄弟姉妹を項目として

図表6　バランスホイールの例

- 旅行：毎年2、3回、長めの休暇を取って、好きな国や街にのんびりと滞在している
- お城巡り：年に数箇所、まだ行ったことがない城に、十分な下調べをして出かけている
- ゴルフ：毎月2回ほどプレーして、平均スコアは78。そのために月に2回レッスンを受けている
- 新しい趣味を開拓すべく、誘われたことには積極的に挑戦している

- 組織をまとめ上げて、高いゴールに向けて全社一丸となって突き進んでいる
- 20XX年に、ニューヨーク証券取引所に上場
- 常に新しいビジネスを模索し続け、年に1つは誰も気がつかなかった分野で商品を開発、発売している
- 自分の経営ノウハウ・知識を後進に伝えている

- 家族と一緒にいるだけで、幸せな気持ちになれる
- 家族のメンバーがそれぞれ自分の夢に向けて日々努力を重ね、楽しみながら一歩ずつ進んでいる
- 家族のメンバーがお互いを尊敬し、尊重し、愛情を持って関わり合っている

- 自分が心から楽しめる仕事で、年収〇〇〇〇円を得ている
- 計画的に資産づくりに取り組み、10年後に〇〇〇〇円の資産を作っている
- お金についての哲学を確立している

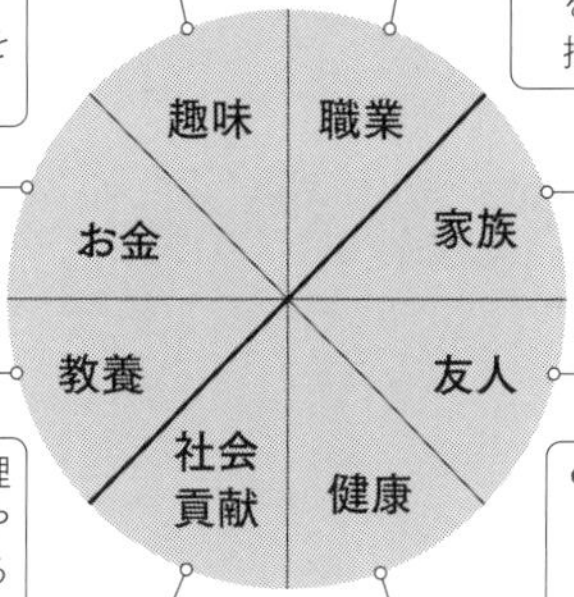

- 物理学の基礎部分を理解できるように講座や書籍などで学んでいる
- 東ヨーロッパの歴史を書籍で掘り下げている
- 哲学の入門編を学び始めている

- 気がねなく一緒にいることができる友人たちと、年に数回、ゆっくりと過ごしている
- 世界各地に友達がいて、英語で気軽にコミュニケーションを楽しんでいる

- 自分の仕事を通して、社会に価値を提供している
- ×××に毎月〇〇〇円の寄付を行っている
- 自ら体を動かす社会奉仕活動に定期的に参加している

- 週に数回、適度な運動をしている
- 体にいい食品を積極的に摂っている
- 十分な睡眠を取っている
- 静かに自分に向き合う時間を作り、心の充実を図っている

出所）KAZUYOSHI HISANO AND CONOWAY, INC.

「分けたい」という人もいれば、「一緒にしたい」という人もいます。そこは思った通りにして構いません。「趣味」が複数あるなら、趣味ばかり書いても問題ありません。「職業」の中に「お金」のことも含まれると思う人もいますが、「お金」には収入と支出の両面があります。さらに資産形成という側面もありますので、やはり独立した項目が必要です。

書き進めていくと、「ほとんどが会社（仕事）のことだけ」になってしまう人もいます。「仲間」とあっても、それは「部下」「同僚」のことだったりします。それはそれで構わないのですが、偏っているという認識を持つことが大事です。

8項目が埋まったら、その外側にゴールを書いてもらいます。このゴールをできるだけ現状の外側に設定し、すでに実現したように書くのがコツです。「〜したい」ではなく、「〜した」と書くほうが脳は騙されます。現状の外側に書けない場合は「そうなったら嬉しいこと」を書いてください。「健康」のように「現状の外側」が難しい項目もあります。この場合はこだわらなくても大丈夫です。

最初から完璧なものは作れないし、作ろうとする必要もありません。時間が経てば、必ず書き換えたくなります。

バランスホイールは紙とペンさえあれば書けます。ただ、そのリターンはあまりにも大きいものです。

ちなみに、たまに夫婦コーチングを引き受ける機会があります。夫婦でバランスホイールを書き、お互いに見せ合うと、あまりの違いに衝撃を受ける方もいます。お勧めです。

現状の思い込みから脱する方法

ゴールを設定する際、「現状の外」がキーワードになります。これはすでにお話ししましたが、できるだけ現状から離れていることが望ましいです。そうしないと、どうしても現状に近い考え方やアプローチで乗り切ろうとしてしまいます。現状のコンフォートゾーンの思考体系を活用したまま脳は対処しようとするのです。これでは変革は起きません。

現状の外度を高める簡単な方法を紹介しましょう。

まずは、現状の外にいる人となるべく関わる。これが重要です。

コンフォートゾーンは人でできています。自分とつながっている人たちとの関係性の束とも言えます。自分ひとりでコンフォートゾーンを変えるのは非常に困難です。現状の外にいる人と関われば、強制的にそれを体験することができます。

もうひとつ、「気になったら、試してみる」「行動に移してみる」のも重要です。これができないのは、現状にとらわれているからでしょう。

そして、前提として知っておいていただきたいことがあります。「自分は何も知らない」という事実です。

たとえば、私はコーチングについてはある程度のことを知っていますが、もちろん宇宙のすべてを知っているはずもありません。何も知らないのです。そんな私が現状を維持しても、早晩時代に取り残されます。そう考えれば、現状の外側に出てみるしかないと気がつきます。

経営者である以上、先に進み続けなければなりません。これは宿命です。現状の外にしか可能性はありません。

コンフォートゾーンの移行に「頑張る」は不要

新しいコンフォートゾーンに移行するのに力はいりません。ゼロです。「スターウォーズ」で小さな船が大きな船に吸い寄せられるシーンがありますが、あのようなイメージです。つまり、ゴール側に重力がある状態を作り出せればいい。あとは吸い寄せられていくだけです。

ただし、好きでやっていることですから、活動としてはバリバリやっています。端から見ると、すごく力が入っているように見えるかもしれません。ですが、本人は「楽しいからやっているだけ」「体力的にきついときがないわけじゃないけど、やりたいことだから」と答えるでしょう。「頑張ってる感」はないのです。

恐らく皆さんも1度や2度、あるいはもっと多く、そういう経験をしたことがあるのではないでしょうか。往々にして、そういう局面では結果が出るものです。

ゴールが現状の外側にあればあるほどラクです。「対前年比105%」のように現状に近い方がきついものです。これが「対前年比180%」となれば「もうやるしかない」となりますし、これまでとは全く違う方法を模索する必要があります。

繰り返しますが、コンフォートゾーンを移行する際には頑張らなくていいのです。むしろ、「頑張ってるな」と思ったら、どこか間違っています。ゴールが「want to」になっていないのかもしれませんし、現状の中なのかもしれません。

社長が心から望む「want to」を見つけることが大前提

モチベーションを上げるには、脳内でドーパミンが分泌されている状態にする必要がありま す。そのためには、ゴールを「want to」にする必要があります。逆から言えば、「want to」で行動している人の頭の中を見ると、ドーパミンが出ています。

リスクもあります。「want to」でギャンブルにどっぷりはまっている人の脳内でも、ドーパミンが大量に出ています。使い方次第なのです。どんなゴールを設定するかがカギになりま す。

一方で気をつけたいのが、「want to」はひとつの理想論に聞こえてしまうことです。現実の生活を見れば、「have to」でやらなければならないことが山積しているからです。自分で立ち上げた事業であっても、すべてを自分で差配できるわけではありません。面倒なこと、億劫なこともたくさんあります。こうした「have to」に自分で気がつくのは大事なことです。「今、自分は『have to』をやっているな」と自覚しつつ、「でも、これは大きな『want to』の一部だな」と受け止めるのです。

私がよく例に挙げるのは、朝のゴミ出し。これが楽しくて仕方なく、「want to」でやっている人はあまりいないでしょう。多くの人にとってゴミ出しは「have to」でしかありません。では、やめたらどうでしょうか。そうはいきません。ゴミが溜まって大変なことになるからです。「家の中をきれいに保ちたい」「清潔に暮らしたい」という「want to」がまずあり、その一部としてゴミ出しという「have to」があります。抽象度を上げれば、ゴミ出しも「want to」の一部なのです。嫌々やっている仕事も同じ。抽象度を上げれば、すべて「want to」です。

抽象度を上げてみて「want to」の一部になるのなら、やればいいでしょう。その「have to」がどんな「want to」に含まれるのか、図に描いてみるのもお勧めです。いくら抽象度を上げてみても「have to」で、時間の無駄と思うのならやめてしまえばいいと思います。

社員や部下の「want to」を引き出したいのなら、社長自らが「want to」で行動する必要があります。周囲は意外と冷静に見ているものです。社長が「have to」で経営していてはすぐに見抜かれます。組織全体の「want to」を引き出すことなどできるはずがありません。

夜、寝る前に1日を振り返り、「今日も1日、すべて『want to』で働けたな」と噛み締める。これが理想です。

自分の職場が「have to」体質だったら、どうすればいいでしょうか。ワークライフバランスを見直し、仕事以外の領域で「want to」を増やす。これもひとつの考え方ですが、仕事の時間は苦しいままです。

ほとんどの場合、業務の中に、いくらかでも「want to」が含まれているはずです。ゼロではないでしょう。この割合を増やせるように工夫してみてはどうでしょうか。すでにお話ししたように、抽象度を上げて「want to」にするのもいいでしょう。あるいは自分がやりたいことを積極的に提案してみるという方法もあります。大事なのは成果につながるアイディアや行動です。「want to」であれば、成果が出る可能性は高くなります。

現状の外に「want to」を見つけるための秘訣があります。1カ月に1つか2つ、「これまでに経験したことがないこと」にチャレンジするのです。これまでと違うコンフォートゾーンを体験することで、見える景色が変わってきます。

それから、「have to」を乗り切る方法をひとつお教えします。「息を止めてやる」ことです。どうせやらなければならないのなら、ちゃちゃっと終わらせましょう。それでいいのではないでしょうか。

人間の脳は本能的に現状維持を求める

脳は常にさぼろう、楽をしようとしています。本能的に現状維持を求めています。生命維持という観点から言えば、現状維持は合理的な判断。むしろ、変化を求めることにはリスクがつきまといます。

極端な言い方かもしれませんが、ある生物が今日生きているということは、昨日までやってきたことが正しかったということ。本能的にはこの状態を維持したいと考えるのも無理はないのです。

さらに、人間の場合、もうひとつの事情が加わります。子供のころから、あらゆる機会を通じて現状維持の大切さを刷り込まれていきます。もちろん、「挑戦しなさい」という教育もあります。ただ、高校や大学を受験する段になると、偏差値を示され、「このあたりにしておいたら」と指導される、多くの人がそんな経験をしていると思います。日本の進路指導は基本的に「下方修正」で成り立っているようです。

受験だけではありません。「このくらいでいい」という思考はいろいろな場面で見られます。日本人の大半は〝下方修正のコーチング〟を受けながら成長してきたのです。

高度経済成長期にはそれでもよかったのかもしれません。しかし、今は先の見通しが立たないなか、「want to」と自己責任の両者を満たしながら生きていく時代です。現状維持の非合理さは明確です。にもかかわらず、旧態依然とした現状維持教育が続けられている現場は少なくありません。

変化に挑もうとすると、誰でも恐怖を感じます。変わるのは怖いことなのです。もともと生物の身体の仕組みは防衛的なもので、変化を怖がるようにできています。この怖さを乗り越えるのは簡単ではありません。気合だけでは無理でしょう。乗り越えるための方法。それがゴール理論です。

ただ注意しておきたいのは、仮に「変わりたい」と考えたとしても、バランスホイールで挙げたすべての項目で抜本的な変革が必要だというわけではないということです。なかには今のままでいいものもあります。もちろん今がよかったとしても、いずれそうではなくなる可能性は常にあるのですが。

この本の狙いは「あなたも変わらないといけません」とけしかけることではありません。なぜかというと、「変わる」のも「変わらない」のも本人の選択ですし、しかも、人の脳は脅された時点で扁桃体優位になります。良かれと思って言ったことが逆効果にならないように気をつけているのです。あくまでもすべては選択。本気で「今のままがいい」と考えているのであれば、それはそれで幸せなことでしょう。ただ、「本当に今のままがいいか」と確認する必要はあるでしょう。

ゴールの再設定が一番大事

ゴールの設定よりも大事なことがあります。再設定です。なぜか。答えは至ってシンプルです。再設定のほうが、回数が多いからです。最初のゴール設定は1回。その後は再設定を繰り返していくことになります。結果、ゴールは一生かかっても達成しないことになります。もちろん当初のゴールはクリアしますが、その時点で目指しているゴールはもっと先にあります。

ゴールを再設定すべきタイミングはいつなのでしょうか。「ゴール達成のために踏むべきステップが見えた」――その瞬間です。

実は、このタイミングはゴール設定から程なくして訪れます。たとえば欧州のアパレル業界を代表するようなハイブランドは、一番売れている時期にすでに次の店舗レイアウトを考えていると言われます。落ち始めてからでは間に合いません。遅いのです。絶頂期にこそ次への備えが必要となります。これはアパレルに限らない話です。ゴール再設定のタイミングも同じなのです。

再設定において大事なことがもうひとつあります。更新された新ゴールは、必ずしも旧ゴールの延長線上になければならないわけではないということです。方向性が変わっても構いません。

たとえば、売上のゴール。20億円を達成したら、次は50億円を目指さなければならないのか。そんなことはありません。組織のバランスホイール上、売上は20億円のままで、違うゴールを目指しても構わないのです。

規模や売上を追求している段階では、つい拡大の方向にばかり目が行きがちです。しかし、ゴール再設定とはそういうものではない。これは覚えておいてください。

ところで、ゴール再設定のタイミングは一定の間隔でやってくるわけではありませんが、現状から遠く離れたゴールを設定した場合に中間地点としての「サブゴール」が必要になる場合には、こうしたサブゴールの点検は定期的に行ったほうがいいでしょう。本来のゴールを目指していく過程で別のやり方が見えてくることがあるからです。

リアルに感じられるほど実現までのスピードが速くなる

コンフォートゾーンの移行についてもう少しお話しします。

まず、脳は「臨場感が高い世界」を選び取ることがわかっています。また、前にも述べたように、脳は2つの「ゲシュタルト」を同時に維持することができません。

この2つの働きを核に据え、応用してみましょう。

ゴールを実現するには、そのゴールをできるだけリアルに感じるようにすることです。結果として、実現までのスピードを速めることができます。脳がリアルに感じられるゴールであればあるほど、速く達成できるでしょう。

しかし、遠くにあるゴールをリアルに感じることはできません。これは無理です。しかも、私はゴールを「現状の外に設定する」ことを推奨しています。現状の外は見たことがない世界。リアルに感じるのは難しいと言えます。

一見矛盾した表現になりましたが、リアルに感じられないけれども、できる限りリアルに感じる工夫をしたい。どうするか。実体験の組み合わせでそれらしい「画」「イメージ」「感覚」を作るのです。

イチヒャクで言えば、年商１００億円の会社のコンフォートゾーンを、実体験の記憶を組み合わせて、できるだけリアルに感じられるようにすることで、そちらへ向かう速度を速めることができます。

また、ゴール側のリアル度が足りないと、経営者は判断や決定を間違えやすくなります。年商１００億円の会社を何度か作った経験がある人がゼロからまた起業するとします。イチヒャクは経験済みですし、経営実務の様々な局面にも対応できます。

この人は事実上、１００億円の会社の実情を知りながら、１億円の会社を回していることになります。意思決定や判断の精度はかなり高いものになるでしょう。もちろん１００％正しいとは限りませんが、試行錯誤で進んでいくのとはまるで違います。

経営者は毎日本当にたくさんの判断を下しています。1日10回としても、年間には数千回に及びます。社員の判断も含めれば、膨大な数になります。これらの判断の正確さが7割台なのか、9割を超えるのかが大きな差を生みます。そう考えれば、ゴール側のコンフォートゾーンのリアル度の重要性はおわかりいただけるでしょう。

大まかな方向性が定まっていれば大丈夫

ゴールは現状からはるか遠くに置かれているのがベストです。ただし、きっちり決まっている必要はありません。大まかな方向性が定まっていればいいのです。

ゴール設定とは「こうなりたい」という方向性を定めること。方向性さえ合っていれば問題はありません。あとは進みながら修正していけばいいのです。ゴールはいくら修正しても構いません。進みながら精度を上げていく。この姿勢で問題ありません。

ただし、いくら「大まかな方向性が定まっている」としても、いただけないゴール設定はあります。代表的なのが、「want to」ではないゴールを設定してしまうこと。こういうケースは決して少なくありません。

これも私がよく出す例ですが、高校生が「一生懸命勉強して医師になりたい」と言ったとします。これもひとつのゴールでしょう。

医師は確かに素晴らしい職業です。ですが、「なぜ、医師になりたいんですか？」と聞いてみると、「父が開業医で、将来後を継ぐことを期待されているからです」という答えが返ってきたら、どうでしょうか。

実際に医師になったあとに、「思っていたのと違う」となってしまう可能性もありそうです。このように、「want to」ではないことを「want to」だと思い込んでしまうのはよくあることです。

昭和の時代には、「家族のために」と、一家の大黒柱たちは骨身を削って滅私奉公に努めました。ただ、なかにはそうした働き方がつくづく嫌になった人もいるでしょう。自分の本心を見極めるのは大事なことです。

あるいはこんな固定観念もあるかもしれません。

「仕事は生活の糧を得るためのもの。好き嫌いなんか言っていられない。協調性を持って目標必達のために、私情は押し殺して組織に貢献する。それが大人であり、男だ」――。そんな世代に「want to」の話をしても、すんなり飲み込んでもらえないかもしれません。

大学で教えていて、東欧出身の受講生にこんなことを言われたことがあります。

「『want to』というコンセプトは素晴らしいと思います。ただ、私は旧共産圏で育ったためか、とても難しく感じます。母国は私が19歳のときに民主化され、社会の様相は大きく変わりました。今なら『want to』で生きることも許容されそうですが、私がそうなるのにはかなりの時間がかかりそうです。あの時代の記憶が消えないのです」

国によっては、「want to」に基づいた生き方が難しい場合があります。政情や国柄の違いですから、やむを得ない面もあります。

ただ、そういった国の人であっても、「本当は『want to』のほうがいいでしょう?」と尋ねると、必ず「イエス」と答えが返ってきます。

21世紀が始まって20年近くが経過しました。少なくとも日本では「want to」で何の問題もありません。大丈夫です。

そして「want to」とセットで考えなければならないのは、「自己責任」です。結果に対して自分がどこまで責任を取れるのかは考えておきます。「want to」を追い求めるあまり、1億円の借金を背負ってクビが回らなくなっては意味がありません。

そのうえで、「それでもやりたい」と言うのであれば、とことんやったらいいでしょう。うまくいかなくて身ぐるみはがされたとしても、今の日本であれば餓死することはありません。極論ですが、何とかなります。であれば、やりたいことをやって生きたほうがいいのではないでしょうか。

ゴール設定↓アクションが基本

無事にゴール設定をしても、多くの人が陥る罠があります。

理論通りに進めていったとしても、アクションを取らなければ何も起こりません。当たり前のように思われるかもしれませんが、こういう事例は意外とよく見られます。

自己啓発に関心を持っている人であっても、ゴール理論の説明を一通り読んで、それだけで満足してしまうのはよくあることです。そこから次の行動につながらないのです。ビジネスパーソンの中にも戦略やＰＤＣＡの本を購入してせっかく読破したのに、そこで終わってしまう人が多いようです。

多くの人はやらないのです。ぜひやりましょう。

行動を起こしやすいように、この本ではシンプルなワークやエクササイズを紹介しています。大袈裟に考えるとなかなか腰を上げられないものです。小さなことからで構わないので、始めてみて下さい。少しずつでもゴールに向かって進んでいます。安心してください。

なぜそう断言できるのでしょうか。あなたの目に映る小さなステップは些細な一歩に見えるかもしれません。ですが、人間の脳はその人が設定したゴールに向かうためのステップを見せてくれるようにできています。ですから、その一歩が無駄になることはないのです。踏み出してください。

一歩を進める際は直感に従いましょう。とにかくやってみてください。そうすれば、石が転がるようにその先にも進んでいけるでしょう。あとはやってみてから考えればいいのです。まずは実行しましょう。

さらに応用編としてやってみてほしいことがあります。

「あいつと飲みにいきたいな」と懐かしい顔が頭に浮かんだら、連絡してみてください。帰宅途中、「寄り道したい」という気持ちになったら、してみましょう。書店なのか、ショッピングモールなのか、飲食店なのか。どこに行きたいのかはわかりませんが、歩き出す。心が少し動いたら、足を向けてみる。もしかしたら何もないかもしれません。何かあったとしても、気がつかない可能性もあります。

それでも行ってみるといいでしょう。「いつもしていないことだから」という理由で思いつきを自分で却下していませんか。現状維持にあなたを縛り付けているのは、あなた自身です。コンフォートゾーン移行のチャンスを逃さないでください。

良いビジュアライゼーションと悪いビジュアライゼーション

未来の自分を映像化するビジュアライゼーションには、良いビジュアライゼーションと悪いビジュアライゼーションがあります。

まず、ビジュアライゼーションは見えるだけではなく、五感全体で感じられると効果が高まります。また、遠くのゴールは曖昧に感じられて構いません。大事なのは「自分からの目線」で、これは臨場感が高いビジュアライゼーションに不可欠の要素です。細かい点ですが、指摘しておきます。

今、将来の自分がインタビューを受けている様子をビジュアライズしているとします。このとき、頭に浮かんでいる映像はあくまでもインタビュイーであるあなたの目に映る光景でなければいけません。テレビ中継の一コマのように、インタビュアーとあなたが並んでいる映像はNG。「自分からの目線」が臨場感を高める、とはこういうことです。

ゴール達成に向けた有効なエクササイズをひとつご紹介しましょう。

「10年後の理想の1週間」をイメージするのです。ビジュアライゼーションの一種です。1日ではなく1週間としているところに意義があります。休日も含まれているからです。

私が会得しているオリジナルのスキルに「高速ビジュアライゼーション」があります。人間の時間感覚は相対的なものです。死の直前、それまでの一生が走馬灯のように脳裏に浮かぶという話は聞いたことがあるでしょう。現に生きている人で体験した人があまりいないので、本当のことかどうかはわかりません。ただ、そう言われると、そんな気もしてきます。

この話を踏まえ、人間には長大な時間におよぶ記憶を1分、30秒といったごく短い時間で一気にたどる能力が備わっているとします。高速ビジュアライゼーションでは、この能力を意図的に活用します。

具体的なやり方ですが、1週間をまともに思い浮かべていくと、1週間かかります。当然です。それでは困るので、再現にかかる時間を短縮してみます。10年後の1週間をまず1時間で振り返るのです。次に15分間。慣れてくると、もっと短い時間でできるようになります。

こうして、最終的には1秒で思い浮かべてみる。人間の記憶は圧縮可能です。

この1秒をずっと無意識でビジュアライズし続けます。私はこの技術を身につけているので、特に意識しなくても、いつも10年後、20年後の姿を想起しながら生きています。ですから、今ではバランスホイールを書かなくてもゴールを実現することができます。

このビジュアライゼーションを24時間無意識で続けるのです。全くやっていない人とでは信じられないほど大きな差がつきます。

組織のゴールと自分のゴールが違っていたら?

あなたが所属する組織とあなた自身のゴールが一致していない。こんなとき、どうすればいいのでしょうか。

まず、大前提をお話しします。組織のゴールと、そこに所属する個人のゴールが異なっているのは当然のことです。

図表7　組織のゴールと個人のゴール

組織と個人がある抽象度で共通のゴールを持つ

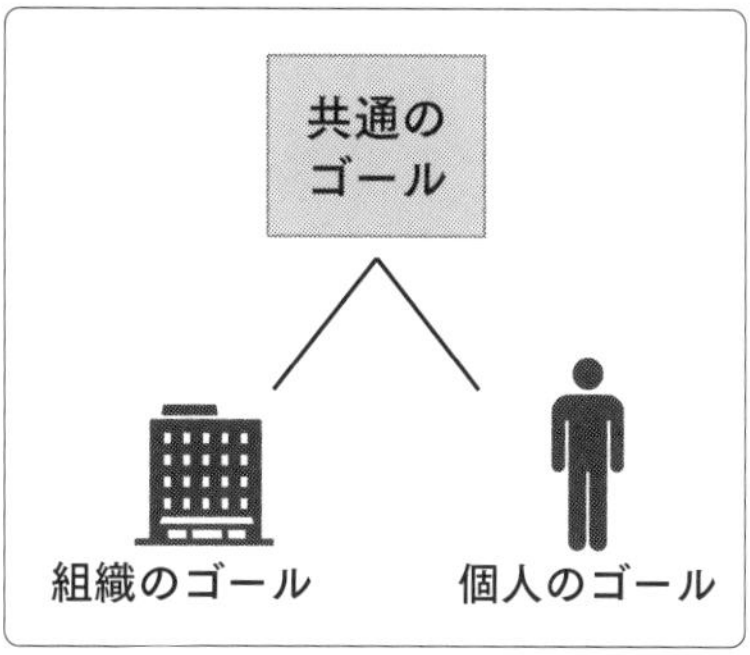

組織の構成員の人数分だけ 共通のゴール を作る

理想としては、リーダーは全社員のゴールを包摂するようなゴールを作るのが望ましい

出所）COGNITIVE COACHING ASSOCIATION

　とはいえ、双方にバランスホイールがありますので、どこかに共有できるポイントは見つけられるでしょう。そのポイントを実現できるようにすればいいのです。

　このポイントが実現できれば、個人も嬉しいし、会社にとっても喜ばしい。そういう場所が共有ポイントです。

　ここでの肝は「仕事に限定しない」ことにあります。個人に関して言えば、その会社で働く理由は様々です。「専門性や能力を発揮できるから」という人もいれば、「理念に共鳴できるから」、あるいは「給与が高いから」という人もいるでしょう。「家が近いから」「勤務時間が自

図表8　組織のゴールと自分のゴールが違っていたら？

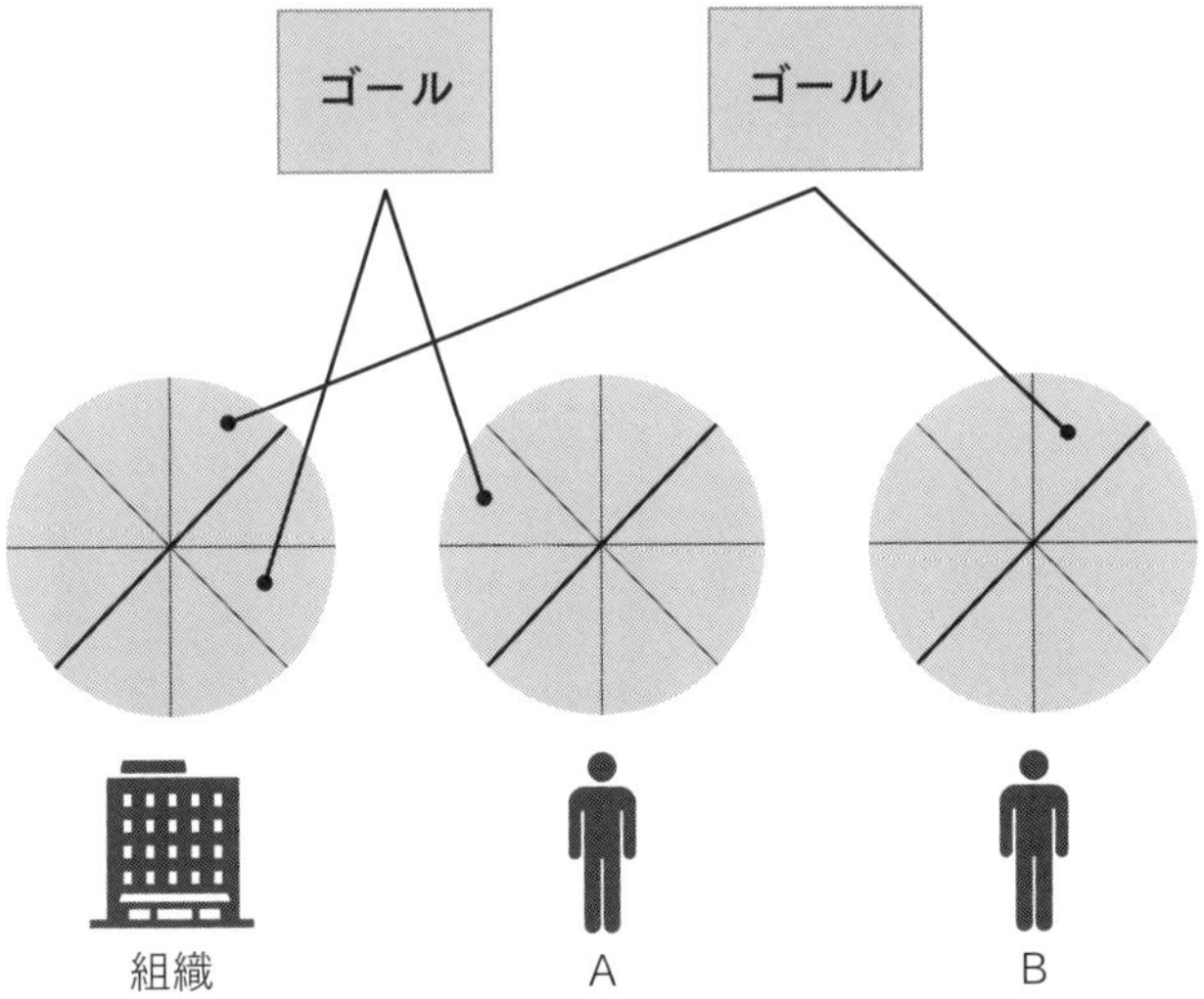

組織と個人で共有できるポイントを見つける

出所）KAZUYOSHI HISANO AND CONOWAY, INC.

由だから」と答える人もいるかもしれません。

様々なモチベーションがあっていいのです。会社側もそのことを理解しておく必要があります。なお、この場合の「会社側」とは、まずは直属の上司です。

望むべくは、全員にバランスホイールを描いてもらうことでしょう。それが難しければ、個々の社員をいつも見ている上司が「彼（彼女）はこういう点を重んじて働いている」と察してあげる。個人のゴールやこだわりに配慮したコミュニケーションが取れれば、やりがいも生まれてきます。組織と個人のゴールが一致しなくても、少しも心配することはありません。

もうひとつ、組織のトップに気をつけていただきたいことがあります。メンバー全員のゴールを包み込めるような高いゴールを掲げること。高ければ高いほど、全員のゴールを包摂できる可能性が高まります。

トップがただ「儲けたい」をゴールにしていても、大半の社員には関係がありません。

3 自分を信じる力［コンフィデンス］

confidence

自分を信じる心がないとゴールは維持できない

エフィカシーについてはすでに簡単に触れました。心理学の用語で自己評価の一種です。「自分のゴールを達成できる」と思う自己評価の度合いといった意味です。

私はこの言葉を「自分を信じる力」と名づけています。自分のゴールや能力に対する自信。地位や役職は関係ありません。エフィカシーはあくまで目標やビジョンに向かう自信です。「何となくエフィカシーが高い」という状態は想定されていません。

また、エフィカシーは将来に向けた力です。では、過去にやってきたことは全く関係ないのでしょうか。必ずしもそうではありません。過去にやってきたことを、未来の自分のゴールを実現する能力への評価に活かしていく分には問題ありません。ただし、「過去にこれだけのことをやってきたからすごいんだ」と言われても、「そうですね」としか返答のしようがありません。営業担当者が全国で1位の成績を今年取ったのであれば、素晴らしいことです。しかし、これが2年前、3年前のことだったらどうでしょうか。

過去から現在に至るまでの自分自身に対する自己評価を「セルフエスティーム」と言い、「自尊心」などと訳されます。自分自身を価値ある者だと感じる感覚という意味です。

今、部長が部長であるのはなぜでしょうか。これまでの実績という意味合いと、今日以降職責を果たしていけるであろうとの期待の両方を含んでいます。この両面がないと、部長になるのは難しいでしょう。

過去にやってきたことは確かに大事ですが、そこにとどまっているだけでは何も生まれません。多くの場合、評価においては過去の実績が重視されるため、エフィカシーをあえて強調している面があります。

さて、ゴールの話です。高く設定することの重要性は繰り返し指摘してきました。多くの場合、あまりに高いと、「無理かもしれない」という心理が働き、だんだんと下がってきます。

この低落傾向を押し止める働きをするのがエフィカシー。「つっかえ棒」のように支えてくれます。エフィカシーが高ければ、ゴールを高く維持できます。

ゴールは自分自身のものです。他人の声を気にする必要はありません。私はセミナーでよくこんな話をします。

「『俺（私）なら自分のゴールを必ず達成できる』と心の中で叫んでみてください。今、隣の人も同じように心の中で叫びました。――間――何か少しでも迷惑しましたか？　隣の人がどれだけエフィカシーを高く維持していても、あなたには影響しませんでしたよね。実はあなたの自己評価がどれだけ高くても、困る人はひとりもいないのです」

この話は驚きをもって受け止められることがあります。多くの場合、自信は「おごり」であり、褒められたことではないと教えられているからです。私はこうした思考習慣は誤りだと考えています。

もちろん、自己評価が高いあまり他者に傲慢な振る舞いをするのは論外です。ただ、そうした振る舞いと自分の胸の内で「俺はすごい」「私にならできる」と思うことは全く別のことです。前者と違い、後者にはいいことしかありません。

エフィカシーで最も重要なのは、「心からの確信」です。自分の心臓が動き続けてくれていることを信じるレベルで、自分の能力を信じ続けてください。

人間は1日5万回、自分に語りかけている（セルフトーク）

一説には、人は1日5万回のセルフトークを行っていると言われています。もちろん誰かが厳密に数えたわけではありませんが、少なくとも1日に数百回という水準ではないことはおわかりいただけるでしょう。

セルフトークという言葉自体はそれほど珍しいものではありません。ただ、私の扱い方に特徴があるとすれば、セルフトークを「湧き出し型」と「刷り込み型」とに分けた点でしょう。これは私のオリジナルです。

「湧き出し型」は自然に出てきてしまうもの。「刷り込み型」は自分で自分に言い聞かせるものです。方向は正反対です。自分のセルフトークを認識しているとき、その言葉がどちらのセルフトークなのかは意識しておく必要があります。

では、どんなセルフトークがいいのでしょうか。答えは簡単。自分をゴールに近づけるようなセルフトークがいいのです。

端的に言って、駄目なセルフトークは「俺（私）は駄目だ」「どうせ自分は……」の類。この手の物言いがあなたをゴールに近づけることはありません。もちろん、このようなセルフトークが多い人であっても、自分をゴールに近づける言葉に少しずつ変えていけばいい。それは可能です。

ぜひ頭に置いてほしいのが、「前に進めるセルフトーク」と「後ろに下がるセルフトーク」の峻別です。

前者の例は「自分ならできる」「これは自分らしくない」「次にはどうしよう」などです。いずれも本来の前向きな自分を引き出す言葉です。

後者は「〇〇よりはいい（悪い）」「前にはできたのに」「どうしてできないんだろう」など。「〇〇よりはいい（悪い）」「前にはできたのに」は他との比較をしている点が問題。そして

「どうしてできないんだろう」と理由を掘り下げるより、次にうまくやることを考えるほうが建設的でしょう。

セルフトークの最後に特殊な例を挙げておきます。「アファメーション」と呼ばれているものです。

アファメーションは「刷り込み型セルフトーク」の一種です。「なりたい姿」を自分自身に刷り込むために、簡潔な表現で「自分は〇〇である」というセルフトークを行うというものです。言い切ることがポイント。1日に何度か自分自身に言い聞かせます。

「時間」「他人」「お金」の3つのモノサシから解放されよう

エフィカシーを自分で高めるのはなかなかの難行です。一方、下げてしまうのはたやすいことです。

エフィカシーを下げる要因はいくらでもあるのですが、私たちの日常に深く織り込まれているため、なかなか気づかないものが3つあります。私はこれらを「3つのモノサシ」と呼んでいます。「お金」「時間」「他人」のことで、便宜上、モノサシと表記していますが、実態は「洗脳」です。

なかでも強力なのがお金です。資本主義の世の中でお金は確かに大事です。ですが、お金があるから偉い、ないからダメ、と思い込んでしまうと、未来思考で生きることが極端に難しくなります。

お金は大事なツールではあります。しかし、「お金がないからできない」と考えるのは、本来のあり方ではありません。むしろ、「お金はないけれど、どうすればできるのか」と考えたいところです。

まずはお金のモノサシから解放されましょう。簡単で効果的な方法が「1万円札を破く」ことです。これは「紙幣はただの紙切れに過ぎない」と体感するための通過儀礼です。他にも簡単な方法があればいいのですが、今のところはこの方法が一番です。

お金が全くない生活をしてみるのもいいかもしれません。お金がなくても何とか生きていけることを体験すると、お金は「ただの便利な道具なんだ」と実感することができます。

確認しておきますが、紙であるお金自体に価値はありません。数万円支払ってお寿司を食べたとします。この場合も1万円札数枚に価値があるのではない。価値があるのは、それらと交換されたお寿司の側です。さらに言えば、お寿司の価値はシャリやネタそのものにあるわけではなく、漁師さんや農家さん、寿司職人さん、店舗を造った大工さんなどの存在と活動によって生み出されています。価値があるのは人間そのものと、その活動なのです。

世間で言うお金持ち、富裕層、大富豪の人に会ったとします。無意識のうちに萎縮してしまうようなら、お金に洗脳されている証拠です。

私のクライアントは1万円札を破いて額に入れ、部屋に飾っています。それを毎日眺めて、「これは紙だ」と思うことでお金に対する崇拝のようなものから解放されていきます。

お金から解放されて自由になると、不思議なことに、より稼げるようになります。1万円札を破くことが必須だと言うわけではありませんが、「これは紙だ」と言い切れるようになると、思いもかけないことが起こるようになります。

「水をたくさん飲める」能力の持ち主に会ったとして、「すごいですね」と気後れするでしょうか。お金をたくさん稼ぐことと水をたくさん飲むこと。両者に本質的な違いはありません。でも、現実には前者だけが特に高く評価されます。

お金が偉いわけではありません。必要な分だけあればいい。その必要量を決めるのは、あなたのゴールです。あなたのゴールがお金を必要とするのであれば、稼げばいい。そうでなければ、そこまで稼ぐ必要はありません。

未来を決めると未来がやってくる

高いゴールを設定しようとするとき、過去から現在、現在から未来へと時間が流れていると考えると、達成が難しく感じられます。「そうは言っても」などという言葉が、つい口をついて出てしまいます。

発想を逆転させましょう。未来から現在に向かって時間が流れていると考えてみてはどうでしょうか。そのほうがむしろしっくり来るはずです。

しっくり来るとはどういうことでしょうか。成功した人、成果を挙げた人は基本的にこんな考え方をしています。

「未来を決めると、その未来がやって来て現在になり、そしてその現在が過去になっていく」

たとえば、次の週末に何かをしようと予定を立てたとします。予定を決めたら、週末がやってきて、実行され、終わる。この一連の流れに何の違和感もないでしょう。極めて自然なことです。「未来を決めると、その未来がやって来て現在になり、その後でその現在が過去になる」とは、こういうことなのです。

当たり前ですが、決めたことは起こりますし、決めていないことは起こりません。「決めて起こす」を繰り返すことで、未来に働きかける力が高まります。「過去はこうだったから、未来もこうでしょう」と考え、口にするのは自由です。でも、自分で決めたほうが楽しいし、楽ではありませんか。

ここまで説明してきても、「今までの自分はこうだったからな」と考えている方のほうが多いかと思います。こうした〝常識〟をひっくり返したい。それが私の願いです。

未来思考を強め、エフィカシーを高めると、より高いゴールを設定できるようになります。

成功した人は必ず「自分ならできる」と思っています。「夢があるけれど、たぶん無理」と考えている限り、実現はしません。もちろん、自分を信じきれていなくても、ときにはまぐれ当たりもあるでしょう。でも、それは長続きしません。

逆に「信じれば、必ずできるんですか？」と聞かれることもあります。もちろん、そんなことはありません。ただ、信じて取り組めば、少なくとも今よりは目標に近づけます。この点は間違いないでしょう。

自分を信じる力の高め方

エフィカシーを高めるためには、４つの要素が必要です。

①高いゴールを持つ（未来を視る力）

高いゴールを設定することで、「高いゴールを持ち、達成しようとしている自分はすごい」と考えられるようになります。鶏（ゴール）と卵（エフィカシー）のどちらが先かという問題はありますが、効果は保証します。

②いい人に囲まれる（人を巻き込み動かす力）

この場合の「いい人」とは、自己評価が高い人。言い換えれば、エフィカシーが高い人です。そういう人が集まる場に身を置くと、自分のエフィカシーも高まります。いい人の行動や習慣を見て、自分の中に取り込んでいくこともできます。

③未来に目線を移す（フィードフォワード）

時間軸が長いほど自分の可能性を信じやすくなります。

④いい言葉を話す（セルフトーク）

「いい言葉」というのは自分の可能性を伸ばしていける言葉のことです。自分自身に「いい言葉」を語りかけることでエフィカシーは高まります。

この他、すでに触れた「お金」「時間」「他人」の3つのモノサシから解放されることも必須です。

お金については詳しく説明しました。時間のモノサシとは過去にとらわれてしまうこと。これも何度かお話ししています。

では、他人のモノサシとは何か。これは「他人の評価を気にする姿勢」のこと。他人のモノサシから自由になるとは、「他人の評価を気にしなくなり、自分の評価を自分で決められるようになる」ことです。

そうは言っても、他人の声は気になる。そんな人もいるでしょう。

そんなときは自分のゴールを見つめましょう。周囲からどんな雑音が入ってきても、自分の目指す方向が定まっていれば揺らがないはずです。

それでも湧いてくるネガティブな気持ちへの対処方法

いかにエフィカシーを高めたとしても、完全にポジティブになれるわけではありません。それでもネガティブな感情が湧き出てくることはありません。ここではそうした場合の対処法を解説します。

まず、湧き出てくるネガティブな気持ちを味わうことです。落ち込んでもいい。泣いてもいい。

味わったあと、気持ちをそのまま書き出してみます。脳のためには、できれば手書きがいいのですが、スマートフォンのメモ機能などを活用してもいいでしょう。

「俺は今落ち込んでいる」

「私は今、悲しい気持ちにひたっている」

と書き留めてみます。書くことで感情を客観的にとらえられます。その結果、落ち着くことができるのです。

最終的には、書き出したものを眺めながら、「自分は今、悲しんでいる（がっかりしている、怒っている、など）」と認識することになります。ここまでくれば、感情を切り離すことができるでしょう。

それでも頭の中でぐるぐる回ってしまうことはあります。一瞬良くなって、また5分後に復活してきたら、同じ作業を繰り返します。徐々に間隔があいてきて、忘れられるでしょう。「湧いてくる感情を止めることはできない」と私は考えています。無理やり止めても仕方がありません。心の声は聞いてあげる必要があるのです。

ただ、差し迫った仕事や用事がある場合は別です。そういうときには、いったん気持ちにフタをして片付けてしまいましょう。

心の根っこに働きかけるアファメーション

先に触れたアファメーションには、少し高度な使い方があります。

まず「ありたい姿」をアファメーションにすることで高い効果が得られるということは、すでにお話ししました。「私は優れた経営者である」なども一例です。

さらに一歩踏み込んで、自分の本質に関するアファメーションを取り入れてみましょう。自分の存在自体を強化することができます。

「私は明るい人である」
「私は正直な人である」
「私は優しい人である」

そんな言葉をあえて口にしてみます。そもそも「私は明るい人である」と言える人は、すでに明るい人です。言葉にすることで根っこがさらに強化されます。

アファメーションを「どこに入れるか」も大事です。

球根を育てるときのことを思い浮かべてみてください。肥料のやり方は2通りありそうです。

▽球根を一度スコップで持ち上げ、そのすぐ下の一番深いところに入れる

▽球根の少し上に肥料を入れて、そこから下への浸透を目指す

アファメーションの入れ方もこれと似ています。

「自分の本質に関するアファメーション」は一番深いところに入れる。「ありたい姿のアファメーション」はやや浅いところに入れるとよいでしょう。

私はかつて「世界一優しい人になる」というゴールを設定して、「私は世界一優しい人である」というアファメーションを行っていました。これは達成できたかなと思っています。現在では「宇宙一優しい人になる」というゴールに向かってアファメーションを続けています。日々、近づいている実感はあります。

他人のセルフトークが気になるとき

他人のセルフトークが耳に入るときがあります。ネガティブな内容の場合、それを聞いてい

ると自分のエフィカシーまで下がってしまいます。どう対処すればいいのでしょうか。

結論から言えば、聞かないようにすればいい。基本的な対策ですが、結局のところ、これしかありません。方法は様々でしょう。耳栓をしてもいいし、その場から立ち去るのもいいでしょう。もちろん、ネガティブなセルフトークをしている本人に働きかけて、相手の「未来度」を高めたり、「抽象度」を高めたりするのもいいでしょう。

たとえば、知人が大病を患い、闘病生活を続けています。余命宣告を受ける段階ではないのですが、本人はときどき「どうせもう長くはないから」などと口走ります。その話に同調しても仕方がないのですが、ひとまず「そうか」「うん」と傾聴します。しばらくして「今度の旅行はどこに行こうか？」などと未来のことを提案してみるのです。

やがて「長くはない」という話題は放置され、忘れられていきます。あとどれくらい生きられるかについて話し続けても何の役にも立ちません。これは未来度を上げた会話の一例です。

続いて抽象度を上げる場合。社内で社長を囲んで幹部が鳩首協議を続けています。成績優秀な社員が退職願を出したのです。そこで人事権限者が言いました。

「ここで引き止めると逆にマイナスも大きい。じゃあ、新しい人を採用しますか？　どんな人がいいですかね。海外なんかにも行ける人はどうですか。いっそ英語人材はどうでしょうか？」

気づかれないように発言するのがコツです。

逆に、ポジティブなセルフトークが聞こえてくることもあります。この場合は、そのトークに絡んでいくことで、自分もその波に乗っていくといいでしょう。

「前向きでいいですね！」

「さすがですね！」

といった的確な合いの手も交えると、自分も相手もますます乗っていけます。

「自分を信じている人」と時間を過ごす

「自分を信じている人」はコンフォートゾーン（当たり前）が高いものです。その力を借りて自分のエフィカシーを高めることができます。自分を信じていて、コンフォートゾーンが高い人と一緒に時間を過ごしてみると、「脳内状態は伝播する」の法則通り、同じような脳の使い方を身につけることができます。

理想は、コンフォートゾーンが高い人ばかりが集まる場に身を置くことです。彼らに囲まれることでエフィカシーがグッと向上します。

私の経験上、コンフォートゾーンが高い人にはいくつかの思考的、身体的特徴があります。まずは発言が前向き。普通の人から見ると、必要以上にポジティブに聞こえるかもしれません。「何なんだろう、この人は？」と思うほどです。

困難な局面であっても、「どうやって乗り切るか」にしか興味がありません。原因分析などはひとまず横に置いて、「とにかく考えようよ」と提案します。

外見で言うと、姿勢がいい。背筋が伸びて、遠くを見ています。歩く速度も比較的ゆっくり。少なくともせかせか歩みを進めるようなことはありません。普段からニコニコしていることが多く、呼吸は深い。いつも何か楽しそうに見えます。そして、何より元気です。

「とりあえずやってみる」がモットー。そして、嫌なことはやりません。なるべく避けるようにしているようです。それでも嫌なことはあるのでしょうが、決して引きずらない。切り替えが早いです。

現状への不満は率直に口にしますが、他人の悪口は言いません。不満と言っても、愚痴ではない、改善提案です。あるべき状態と現状とのギャップが見えるので、冷静に課題や改善策を提示します。

成功体験を10個以上書き出せば自分を信じられる

「自分を信じる力」は基本的に未来の自分を信じる力です。過去の成功体験はその未来に関係ありません。それどころか、過去に拘泥すると、前に進む力が削がれてしまいます。

ただし、例外もあります。未来の自分を信じるために、過去の自分の成功体験を活用するのです。そのときの「情動」だけを活用するのは問題ありません。ポイントは、過去の出来事自体には触れないで、情動だけを引き出すようにすることです。

過去の体験は、それが成功体験であったとしても、「その時点での自分のコンフォートゾーン」で行った多くの判断や行動が含まれています。それらの判断や行動は過去のものです。未来のコンフォートゾーンには合致しない可能性が高いです。そのため、過去から取り出すのは「情動」だけにするのです。

あなたがかつてナンバーワン営業担当者になったことがあったとしても、その経験自体は放っておきます。表彰を受けたときの映像を思い浮かべても未来にはつながりません。そのときの自分に戻ってもいいことはひとつもないのです。ですから、そのときの感情だけを蘇らせて引っ張り出します。

10個まで行かなくても構いません。5個くらいでも結構です。それぞれの体験の情動をまとめて感じてみる。これはなかなか効果があります。

あえて〝できなかったこと〟から目をそらすことの大切さ

エフィカシーを高く保っていく上で、失敗とはどう付き合っていけばいいのでしょうか。そもそも失敗と言っても、一度や二度できなかったというだけであれば、失敗とすら言えないでしょう。続けたいなら続ければいい。まだまだ試合は終わっていないからです。大事なのはこれからどうするかでしょう。

真面目な人ほど「なぜできなかったのか」、という原因分析をしがちです。それ自体は問題ありません。ただ、あくまでも「これから」に生かしていくための作業であることを忘れないでいただきたい。分析そのものが目的化しては元も子もありません。

脳の働きから言えば、〝できなかったこと〟から目をそらすのは当たり前のこと。〝できなかったこと〟を凝視したからといって、できるようにはなりません。〝できなかったこと〟

「できるようになった自分」やそのときの周囲の様子を考えればいいのです。分析してわかるのは、ごく当たり前のことだけです。

なかなか答えが見つからないときには休日環境を変えてみる

なかなか答えが見つからないこともあるでしょう。そんなときには休日環境を変えてみることをお勧めします。

固定化されたコンフォートゾーンの中で毎日を過ごしていると、新しい発想が生まれにくいものです。まずは変えやすい休日の環境を変えることで、見えなかったものも見えるようになります。

大きなことでなくてもいいのです。小さなことでもやってみると、何かしら変わってきます。

その次に意識してほしいのは、ちょっと難しいことへの継続的な挑戦です。

少しずつでもコンフォートゾーンを動かし続けることが大事です。そのためには、大小様々な挑戦を、仕事や人生の中に盛り込んでいきましょう。

大小様々な挑戦が盛り込まれている毎日がコンフォートゾーンになれば、変化は徐々に加速していきます。

「できる自分」という自己評価は、意志を持って自分で育てるものなのです。

誰でも「自分を信じられるゾーン（自信領域）」を持っている

誰しもコンフォートゾーンの中では力を発揮できます。

ですから、力を発揮したいのであれば、戦う場所をコンフォートゾーンにすることが大事です。

コンフォートゾーンで戦うのか、自分が戦う場所をコンフォートゾーンにしてしまうのか。

いずれにしても戦略的に考える必要があります。そのために行う作業がゴール設定（バランスホイール）なのです。

この仕組みをうまく活用できるようになると、楽にハイパフォーマンスを叩き出せる自分になれます。

たとえば、何か新しいことをするのであれば、下見に行くことです。それも1回ではなく、何度でもです。結婚披露宴でスピーチをするのであれば、会場に実際に立ってみる。ささやかなことかもしれませんが、そこまでやる人はなかなかいません。しかし、結果は大きく異なってきます。練習を繰り返せば精度は上がるのです。

「できない人」なんていません。できるかできないかを決めているのは自分なのです。「自分ならできる」と思える場を広げていきましょう。

4

人を巻き込み動かす力［インボルブメント］

involvement

成功している人は「コンフォートゾーン」に身を置いている

大成功するために、必ず必要なことがあります。それは「大成功している」のにふさわしい「コンフォートゾーン」に身を置くことです。

これまで何度か出てきましたが、改めてコンフォートゾーンとは何かと言うと、「無意識が心地いいと感じる場や状態」のことを言います。

では、コンフォートゾーンは何によって決まるのでしょうか？

私は〝人〟で決まると思っています。どんな人と関わり、どんな時間を過ごしているかが重要だからです。

たとえば、ある日突然、あなたの銀行口座に10億円が振り込まれたとします。

次の日からあなたの生活は変わるでしょうか？

振り込まれたことに気がつかなければ、何も変わらず同じ生活を送るでしょう。もちろん通帳に記帳したら気がつくでしょうが、それでもあなたの生活はそれほど変わらないはずです。人によっては、何かの詐欺に引っかかったのではないかと不安になるかもしれません。

では、どの時点からあなたの生活が変わり始めるのでしょうか?

その大金を使って大きな買い物をしたときから変化が始まるのでしょうか?

答えは「ノー」です。

ちょっと買い物を楽しんでいるくらいでは、あなたのコンフォートゾーンは変わりません。本当にコンフォートゾーンが変わり始めるのは、あなたがそのお金を使って、一流と言われる人たちと交流を始めたときです。

人によってはワインサークルに所属して、高価なワインを共に楽しむようになることがきっかけかもしれません。あるいは、会員制のゴルフ倶楽部やスポーツクラブに入会して、そこのメンバーと共に時間を過ごすことから始めるのかもしれません。

このように、実際にお金持ちの人と過ごす時間が増え始めたとき、あなたのコンフォートゾーンはそちらに向かってシフトし始めるのです。

コンフォートゾーンは、様々な経験や要素でできあがっていますが、どのような人と一緒に時間を過ごすかに大きく左右されるものです。

10億円を自分自身の欲望を満たすためだけに使っても、ある程度コンフォートゾーンはシフトするでしょう。しかし、もっと大きく動かす方法があります。それは、「より多くの人を巻き込む」ことです。その結果、他人の力を借りて、あなたのコンフォートゾーンはより高い次元に移行していくのです。

10億円の株式を紙くずにした主婦

私の本作りを手伝って下さった女性の編集スタッフの1人は、上場前のある会社の株式を100万円で購入しました。たまたま、その方の旦那さんがオーナーの知り合いだったのです。

上場後、彼女の保有株は最高で10億円の価値になりました。彼女は最も高額な時期に株を売ろうとしたのですが、旦那さんが止めました。

「お世話になっている社長から譲っていただいた株だ。絶対に、売ってはいけない」

ところが、その後「村上ファンド」が崩壊して株価は10分の1になり、その後の「リーマンショック」でさらに10分の1に。ついには同社が上場廃止になり、株式は実質紙くずになってしまいました。

その間、彼女の生活はまったく変わっていませんでした。彼女のコンフォートゾーンはいい意味で庶民的だったのですが、もし彼女が10億円の資産を持っていたときに優秀な経営者や投資家のアドバイスのもとに起業していたら――。あるいは、自分がやりたいことに目覚めて、思い切ってその世界に飛び込んでみたなら――。その10億円は10倍の１００億円になったかもしれないのです。

彼女の場合は、周りに資産運用をしてくれる経営者も、アドバイスをしてくれるコーチもいませんでした。はっきりとしたゴールがなかったため、彼女は貴重な財産を失うことになったのです。せっかくのチャンスを生かしてコンフォートゾーンを移行させることができなかったのです。

このように、「現状維持」は考えることの放棄と同じです。「何もしない」という選択ミスによって、大きく財産を減らしてしまうことも起こり得るのです。

古今東西、守りに入った会社は必ずと言っていいほど衰退していきます。そうならないように、上昇志向でワンランク上の人脈づくりを心がけ、コンフォートゾーンをシフトさせていくことが大切なのです。

１人でできることは限られている

１人でできることは限られている――その通りです。

ただし、今の時代や環境を踏まえた上での補足が必要でしょう。テクノロジーの進化も相まって、インターネットをはじめとするツールを駆使すれば、１人でもかなりのことができるようになっています。

問題は、これが必ずしも喜ばしい事態ではないこと。1人でできる状態を続けているだけでは、コンフォートゾーンが変わらないからです。これでは成長は望めません。

したがって、人の中に身を置くように常に努めなければなりません。1人でもできるインフラが整っていたとしても、です。ただし、この場合の「人の中」は、必ずしもいつもリアルな環境でなければならない、ということではありません。バーチャルな場も大いに活用します。

情報は人からしか入ってきません。どれだけコミュニケーションツールが発達したとしても、これは変わらぬ真理です。特に一次情報は、信頼関係の中でこそもたらされるものです。何よりも大事なのは、自分自身が他者にとって信頼に足る存在かどうかでしょう。

情報がなければできないことはたくさんあります。便利になった現在こそ、ビジネスの中核は信頼関係の構築・維持にあることを肝に銘じなくてはなりません。

私の友人にモータースポーツを始めた人がいます。もともと、無類のメカ好きでサーキットにもしょっちゅう足を運んでいました。「そんなに好きなら、自分でもやればいいのに」とよく話していたのですが、なかなか踏み切れずにいました。

ですが、あるとき、ちょっとしたきっかけからモータースポーツの世界に足を踏み入れました。始めのうちは恐る恐る入っていったのですが、やがて彼もキャリアを積んだ先輩たちの中に溶け込み始めます。徐々にそちらのコンフォートゾーンの住人になっていったのです。お金はそれなりにかかるようですが、何しろもともとやりたかったことです。友人は「新しい自分」へと変化していきました。

彼はもともと経営者。モータースポーツでの活動がきっかけになって、新しい仕事にもつながるようになってきました。もともとそれを期待していたわけではないのですが、「コンフォートゾーンが変わると世界が変わりますね」と喜んでくれています。

信頼を得て応援されるための４つの力

コンフォートゾーンを考える上での大前提を、もう一度おさらいしておきましょう。

コンフォートゾーンは「人」でできています。ゴールドビジョンの肝はコンフォートゾーンを移行させること。ですから、自分を取り巻く人たちがどんな顔ぶれかが重要になってきます。

魅力的で力のある人たちと場を共有している自分になるために必要な、「信頼を得て応援される力」を４つに分けて紹介しましょう。

①出会う力：どこで誰と出会うか？

行きたい世界での１つの出会いは、今いる場所での１００の出会いに勝ります。そのためには、良いゴール設定ができていることが欠かせません。

図表9　つなげる力

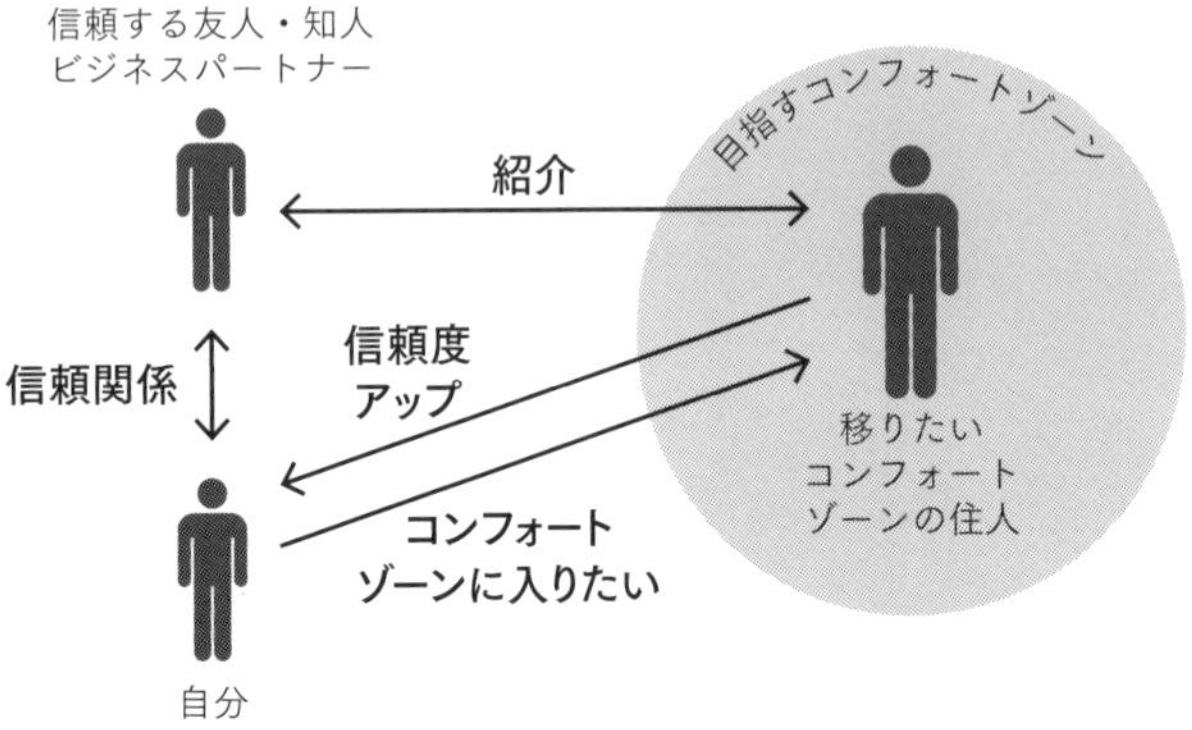

出所）KAZUYOSHI HISANO AND CONOWAY, INC.

②つなげる力：どうやって新しい場所に移るか？

コンフォートゾーンは人でできています。とするならば、最大のギフトは人。自分が移りたいコンフォートゾーンの住人に、その人が感謝するような知人を紹介することで、あなたへの信頼度が劇的に高まります。

もちろん、紹介は利己的な動機に基づくものであってはなりません。紹介した知人にも感謝されるような、そんな出会いを作っていくことが重要です。

③信頼される力：あなたのどこが見られているか？

あなたのエフィカシーレベル（自分を信じる力）がそのまま見られています。そのためには「want to」で取り組んでいる必要があります。

図表10　推薦される力

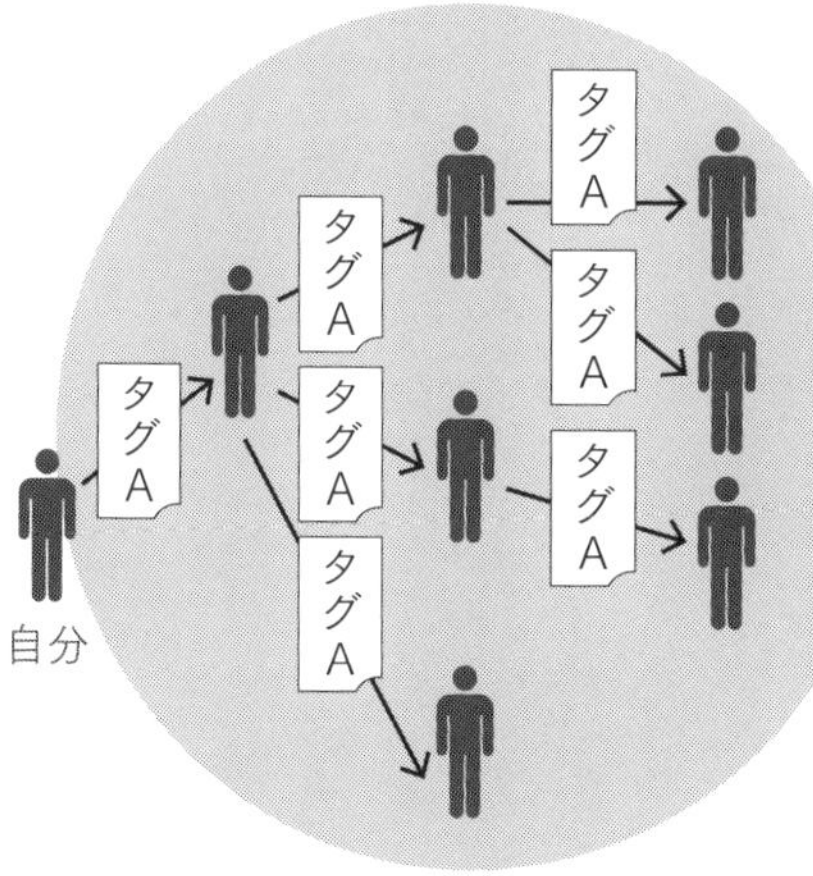

タグが新しいコンフォートゾーンで流通する

出所）KAZUYOSHI HISANO AND CONOWAY, INC.

④推薦される力：一言であなたのことを表現する

自分の存在に関する情報を新しいコンフォートゾーンで流通させるために、自分のことを一言で言い表せるタグが必要になります。タグはいくつあっても構いません。

そのタグは、今の自分をそのまま表すものよりも、これから移行していきたいコンフォートゾーンの中で自分が果たしている役割を表現したものが望ましいでしょう。

週刊少年ジャンプで連載中の人気マンガ『ワンピース』の主人公ルフィは「俺は海賊王になる男だ」と自分を規定してみせます。これはまさに移行先のコンフォートゾーンで自分が果たしている役割を切り取った表現。理想的なタグです。

週刊ヤングジャンプ連載のマンガ『キングダム』では、主人公・信が「天下の大将軍になる男だ」と名乗ります。これもなかなかのタグと言えます。

私も「CEOコーチング」や「0・3秒コーチング」など、いくつかのタグを使っています。あなたのタグは何でしょうか?

ビジョンに共鳴してもらうための3つの力

無事に新しいコンフォートゾーンの一員になれたら、いよいよ自分のゴールを周囲に伝え、支援を得る段階に入ります。そのために必要な力が「ビジョンに共鳴してもらう力」です。

ビジョンに共鳴してもらう力には、以下の3つがあります。

①伝える力:何を話すかではなくて、どんな人であるか?
「無意識」は伝わります。臨場感の高い情報ほど伝わりやすいので、話す内容を磨くよりも、「無意識が伝わる」という観点に立って、自分自身を磨くほうが賢明です。無意識が優先で言葉はあくまでも補足の手段と心得てください。

別の表現を使えば、「本物度」が伝わるとも言えます。本物度は私の造語で「未来度」

「抽象度」「現状の外度」「コーズの強度」「コーズの高度」の5つを組み合わせた概念です。英語では「Levels of Authenticity」と呼んでいます。目指していること（ゴール）や信じていること（コーズ）が無意識を通して伝わってしまいますので、あなたがどんな人物であるかが重要になります。

②植える力：自然に応援したくなるコミュニケーション

人は自分で決めたことにしか本気になりません。どうすれば周囲の人があなたのことを「応援する」と決めてくれるか。カギになるのは、「あなたとあなたのゴールに関する『十分な情報』」を相手に持ってもらえているかどうかです。

そのために、「あなたとあなたのゴールに関する『十分な情報』」を「植えるように」、間隔を空けて伝えていきます。そうすると、相手の無意識は自分の頭の中でストーリーを作り、世界観を紡いでいきます。説得するのではなく、本人が自分で納得する状態になってもらう必要があります。

③育てる力：記憶に残るために丁寧に

情報は間隔を空けて伝えるので、忘れられないようにリマインドする必要があります。今は情報が多い時代なので、思い出してもらうための仕組み作りも重要です。

ホメオスタシスの原理を味方につける

「ホメオスタシス」は「恒常性維持機能」と訳されます。生物が内部環境を一定の状態に保ち続けようとする性質のことです。

ホメオスタシスとは、つまり、コンフォートゾーン。移りたいコンフォートゾーンに自動的に吸い寄せられるように、あらゆる思考、活動を集約する必要があります。

これはゴール設定によって行います。移りたいコンフォートゾーンの中心がゴールです。そこに自動的に吸い寄せられていくわけです。

ここで重要なのは、自分の直観を信じること。これができないと、せっかく答えがわかってもたどり着けないことがあります。

ロケットはある水準以上の速度を出せないと、大気圏を突破できず、地球に引き戻されてしまうと言います。それと同じです。放っておけば、今いる場所に引き戻されてしまいます。移行すべきコンフォートゾーンに引き寄せられるには、それなりのスピードとパワーが必要なのです。もちろん、ゴールからの引力です。

引き上げてもらえるような自分になる「他力力《たりきりょく》」
——応援されない人は絶対に成功しない

子供の頃から、「自力」で何かができるようになるための「自力力」を伸ばすように教えられた人が多いと思います。でも、本当に必要なのは他人の力を借りる力「他力力」です。

どんな道であれ、先を行っている人は必ずいます。その人たちに引っ張り上げてもらえるような自分になる必要があります。そのためには、ゴールとコーズが明確でなければなりません。

また、いつかは自分が引き上げてあげられるような存在にならなくてはいけません。後輩を引き上げている人にはさらに大きなチャンスが巡ってくるものです。

応援されにくい人に見られる傾向を挙げておきましょう。まず、信用や信頼を得られない人は応援されません。

「自力力」「他力力」で言えば、自力力だけを高めようとしている人は応援されにくいです。「自分が」「自分が」になるからです。残念ながら、日本の社会はこぞって「応援されにくい人材」を育ててきましたし、今も育てています。

応援されやすい人は応援されることの重要性を理解しています。応援されやすい自分になるための努力を惜しみません。応援されるべく生きています。

反対に応援されにくい人は、応援されることを軽視しているのかもしれません。

「自分が頑張れば何とかなる」と考えている限り、周囲から手を差し伸べられることはないでしょう。

自分の弱点を認められないということもあります。だからひとりで頑張ることになる。

実は、「他力力」を身につけるのはそれほど難しいことではありません。応援されることの重要性が理解できれば、誰でも短期間に高められます。

人の協力を得、応援を勝ち取るために、相手の自尊心を尊重する方法があります。相手の名前を冠したプロジェクトにして、成果が相手の功績になるように見せるのです。少しテクニカルですが、効果は抜群です。

応援してもらえる自分になることで、異なる次元に足を踏み入れることができます。

数字度外視のエモーショナルなロマンを語る

ビジネスの世界であっても、誰でも仲間と一緒に大きな夢を見たいと思っています。特に「『ワンピース』世代」はその傾向が強いと言えます。

まずは未来の姿を鮮明、かつエモーショナルに思い描くこと。その感覚を共有して組織の求心力を高めます。

もちろん、数字を完全に無視することはできません。ただ、それは一旦脇に置いて、壮大な夢を共有する時間を大事にします。

「達成できたらみんなで旅行に行こう」というようにイベント性を盛り込んでいくのもいいでしょう。

実際にそうしている会社は少なくありません。やがてそうした夢が部署や部門を越えて、より上位の事業部や会社全体に採用されている例もあります。

社員の人生目標に共感するだけで〝やる気〟に火がつく

社員1人ひとりの人生の目標は異なります。これは当然のことです。

バラバラの目標、ゴールに対して関心を示すこと。これは経営者、管理職、リーダーに不可欠な資質と言えます。

多くの社員は、組織が個人の夢に理解を示すとは思っていません。ですから、自分の夢を認めてもらえるだけで、とても嬉しく感じます。モチベーションが上がるのも当然です。

人生目標への共感によって、組織と個人のゴール共有ポイントを探す。これは非常に重要です。

上司の側で注意すべきことがあります。社員の人生目標を聞いているとき、詳しくない分野で共感しにくいと思っても、「そういうことに興味があるんですね」と相手の話を受け止めましょう。必ずしも深い理解は必要ありません。ただ聞いてあげるだけで大丈夫です。聞いてもらった社員は「話を聞いてもらえる」「ここに自分の居場所がある」と感じ、無意識の中で変化が起き始めます。その流れを止めずに、話を聞き続けていきましょう。

会社の目標と個人の目標が一見矛盾している場合はどうでしょうか。

完全に矛盾するということはまずありません。

バランスホイールを比較対照すれば、どこかに握れるポイントはあるはずです。せっかく籍を置いている以上、向き合って話をすることです。ただ、究極的には、完全に接点がなければ別の道を歩むしかありません。

5

未来に誘う力［フィードフォワード］

feed forward

「未来度を高める」とは、未来に意識を置くこと

日本中あるいは世界中のほとんどの会社が、新商品を作る際に「マーケティング」をしています。この場合のマーケティングとは、「市場調査、商品開発、宣伝計画」のことです。消費者を相手に「今どんな商品が欲しいか？」「どんなことで困っているか？」というリサーチを行い、消費者ニーズに基づいて商品を開発し、宣伝計画を立案、実行します。99％以上の会社が行っている手法です。

ところが、市場調査をまったくせずに、「宇宙にインパクト」を与えた1人のイノベーターがいます。アップルのスティーブ・ジョブスです。彼は、「シンク・ディファレント（人と違うことを考えろ）」と社内外で語り、本気で世界を変えようとしました。そして、市場調査には頼らず、自分の感性だけで「iMac」「iPod」「iTunes」「iPhone」「iPad」など、誰もが驚くような画期的な商品を作り、世の中に送り出しました。

ジョブスは天才的な例外なのでしょうか。

実際、日本中、いや世界中の会社が過去のデータを見て、それをもとに未来の商品やサービスを作り上げています。しかしそれは、私から言わせれば「現状の最適化」にすぎません。後ろ向きのビジネスのスタンスです。

なぜなら、顧客の嗜好やインサイトをどれほど分析しても、結局は「過去のデータ」をもとに「現在満足する商品やサービス」を創ることにしかつながらないからです。「過去に起こったこと」を基底にしても、未来を予測することはできません。これから起きることは誰にもわからないのです。

その証拠に、情報技術の領域を主戦場として、予測不可能な成長が起きています。誰も考えもつかなかった商品やサービスが爆発的にヒットすることがあります。「過去のデータ」だけに縛られてはいけないのです。

これを経営者に置き換えると、「反省は過去のものとして、未来に目を向ける」ということです。

反省とは、未来を作る過程に出てくるものです。反省をしてから未来に向かうのは順番が違っています。

そして、これらの問題解決や未来予測を助けるのが、コーチングの技術です。コーチングそのものが、未来の問題解決を意図して存在しています。

過去の反省を促すコーチがいたら少々問題です。過去のコンフォートゾーンにクライアントを縛りつけることになるからです。認知科学的に判断して、方向性が間違っているということになります。

過去にとらわれる傾向を打開するために、私は、いつも答えに詰まるくらい「大きな質問」をします。「これからどうしたいですか？」というものです。あえて、「会社をどうしたいですか？」「いつまでにどうなりたいですか？」とは聞かずに、主語もなく、目的格もなく、単語も極力省略し、思考を未来に向けてもらいます。

すると、多くの経営者は過去のしがらみから離れ、初めて夢をイメージすることができるようになります。

どんな答えでもいいのです。経営者の口から答えが発せられた瞬間、脳はその夢を実現するための戦略、戦術、戦法について考え始めます。

「未来をどうしたいのか？」

この質問は、毎日、何回でも自分に投げかけてください。

新しいマーケティングは、過去ではなく未来にあります。

スティーブ・ジョブスは、たったひとつのモバイルによって、人間のライフスタイルを変え、世界を変えました。私がジョブスを最も尊敬しているのは、彼の想像力です。誰も見たことがない未来を、彼は見ることができたのです。

フィードバックの弱点は過去思考にある

ここでフィードフォワードの骨格をもう一度確認しておきます。

脳は同時に2つのものを認知できません。未来に意識を置くと、過去の意味が薄れます。いくら過去を見ても、未来は作れません。

多くの場合、人は自分の過去に満足してはいないものです。むしろ、「もう少し何とかならなかったのか」という思いを抱いています。過去を見ると、テンションは下がるものなのです。

「失恋から立ち直る最良の薬は新しい恋をすることだ」と古来からよく言われてきました。フィードフォワードの精神をよく表した言葉でもあります。時期の問題はありますが、終わった恋にすがるのではなく、先を見ることで人は元気になっていきます。

同じような行動は、日常生活の中で誰もが気づかずに取っているものです。フィードフォワードの世界では、これをより積極的に行っていきます。

フィードフォワードの価値はフィードバックと比較することでよりはっきりします。フィードバックの弱点について少し考えてみましょう。

皆さんがご存じの通り、フィードバックの本質は「過去の出来事に対してのコメント」です。必然的に過去思考に陥ってしまうのもやむを得ないでしょう。

定義上、「未来へのフィードバック」はできません。これは深刻な事態です。フィードバックと口にした途端、人は過去思考になります。そこで、未来思考を引き出すカギとして、私はフィードフォワードを考案しました。

もちろん、過去から何かを学んで未来に生かすのは大切なことです。過去を見ること自体が悪いわけではありません。問題なのは、過去にとらわれて未来を見つめる力が下がってしまうことです。

ＰＤＣＡはなぜ難しいのか？

フィードフォワードと対局にある手法のひとつに「ＰＤＣＡ」があります。フィードフォワードの視座に立つとＰＤＣＡの難しさが際立ってきます。

ＰＤＣＡについては改めて説明する必要はないでしょう。「Ｐｌａｎ＝計画」「Ｄｏ＝実行」「Ｃｈｅｃｋ＝評価」「Ａｃｔ＝改善」の４つの英単語の頭文字からなる言葉です。Ｐ↓Ｄ↓Ｃ↓Ａ↓Ｐ……と、４つの段階を繰り返すことで業務の効率性を高めることができると言われています。

フィードフォワード的に言えば、４つの段階のうち、ＰとＣは過去を見ることを前提としています。ＰＤＣＡは、そのサイクルの半分で人を過去に縛りつける構造になっています。

図表11　PDCAサイクル

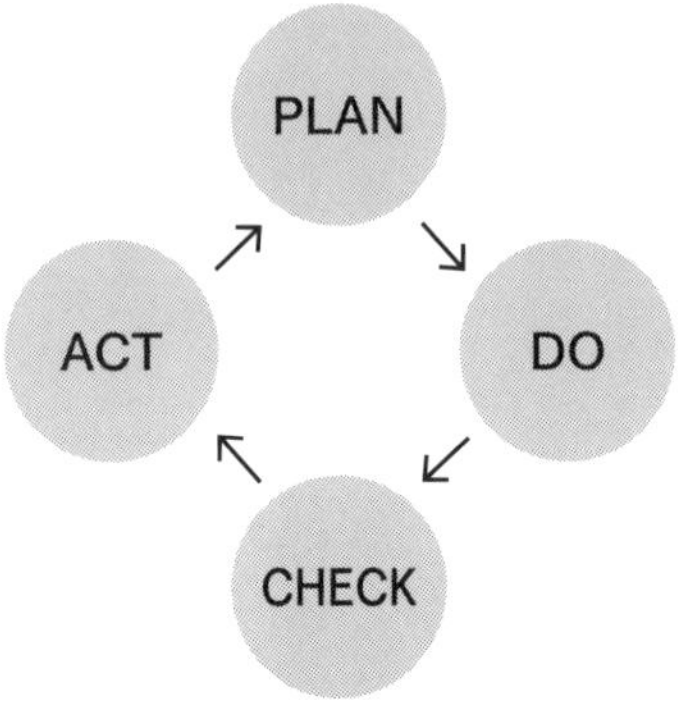

出所)『いつも結果を出す部下に育てるフィードフォワード』(フォレスト出版) 62ページ

PDCAで大事な段階はDとAです。行動しなければ、何も起こりません。しかし、すでに述べた理由からPDCAは行動しにくい要因を内包しています。たとえて言えば、体重が後ろにかかったまま走っている感じになります。

PDCAの価値を全否定するわけではありません。ただし、これ一本槍では経営は前に進みません。

フィードフォワードの中には「フィードフォワード・アクション」の考え方が含まれています。PDCAと使い分けて、両輪で経営を前に進めていくことをお勧めします。

PDCAは過去や現状の最適化のための手法と言えます。これに対し、ゴールドビジョンやフィードフォワードは「未来の最適化」を現実のものとするためにあります。そもそも「最適化」という言葉自体が過去思考を体現しているとも言えますが、意図

図表12　長期のフィードフォワード・アクション・プロセス

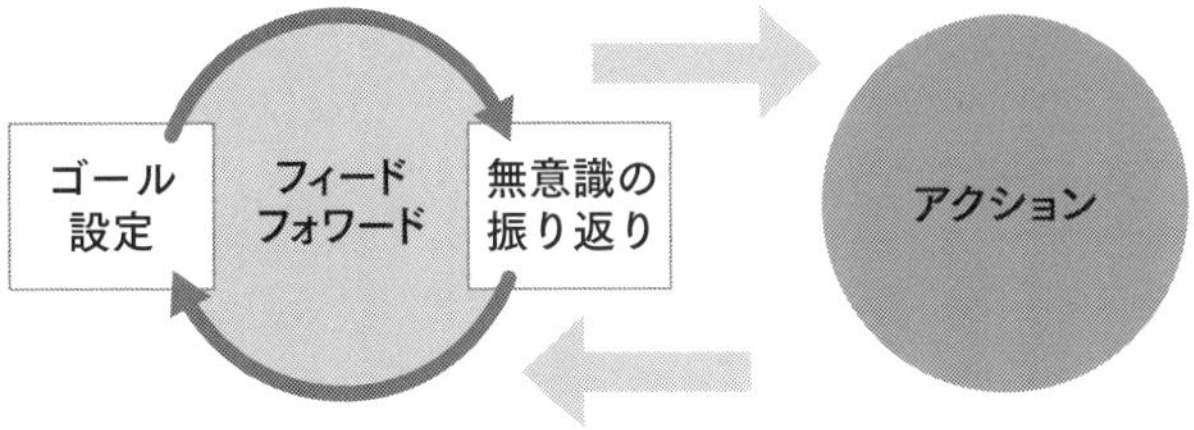

「フィードフォワード」には
「ゴール設定」→「無意識の振り返り」が内包されている

出所）『いつも結果を出す部下に育てるフィードフォワード』（フォレスト出版）71ページ

はおわかりいただけるでしょう。

業種や職種によってはPDCAが必要な場合もあります。ただ、その場合でもフィードフォワード・アクションの視点を持てばスピードアップが図れます。より創造的な発想、行動が求められる現場ではフィードフォワード・アクションは不可欠です。言葉として使っていなくても、組織はそのように動いています。あえてフィードフォワード・アクションという言葉を使うことで、業務の中で実際にどう動いているのかに気づくことができます。

フィードフォワード・アクションにはもうひとつの特徴があります。PDCAとは異なり、無意識を深く信頼している点です。PDCAには無意識への信頼は基本的にはありません。意識的に行う手法なのです。

無意識を信頼しているからこそ、フィードフォワード・アクションにはフィードフォワードとアクションの2段階しかありません。「これでうまくいくのだろうか？」と疑問に思うかもしれませんが、大丈夫、うまくいきます。

子供の頃は誰もがフィードフォワード・アクションで生きていたと思います。大人になるにつれ、無意識のうちに自分を縛るようになっていきます。

フィードフォワードは直感を生かす「イチヒャク経営」とも整合性が高い手法です。繰り返しますが、PDCAが必要な場面はあります。ただし、少々もてはやされ過ぎているきらいがあります。「何でも切れる包丁」はありません。環境や場面、用途によって使い分けることで最大の効果を上げていくことができます。

現代社会は「VUCAの時代」と言われています。VUCAとは、「Volatility（変動性・不安定さ）」「Uncertainty（不確実性・不確定さ）」「Complexity（複雑性）」「Ambiguity（曖昧性・不明確さ）」という4つのキーワードの頭文字から取った言葉。変動の激しい時代を表した言葉です。

過去や現状の最適化を図っているだけでは、変化の流れについていけません。イチヒャク経営者やイチヒャクリーダーには、フィードフォワード・アクションの感性を身につけてほしいところです。

フィードフォワード第1の効果「他者が未来に目を向けるのを助ける」

ここからはフィードフォワードがもたらす2つの効果についてお話ししていきます。

まずは第1の効果。「他者が未来に目を向けるのを助ける」です。

フィードフォワードでは「これからどうしたいですか？」と問いを発する人を「フォワーダー」、問いに答える人を「レシーバー」と呼びます。フォワーダーの役割は、レシーバーが未来に目を向けるのを助けることにあります。

レシーバーはフィードフォワードをしてもらうことで喜びを感じます。他者が自分に目を向けてくれたこと、自分の未来に関心を持ってくれていることが嬉しいのです。

たとえば、「次の週末はどうするの？」と聞かれたとしましょう。ムスッとしていられるよりよほど嬉しいものです。ささやかではありますが、自分に関心を持ってくれているのは間違いありません。

フォワーダーの側からは、レシーバーが喜んでくれていることが嬉しいです。レシーバーとの信頼関係も強くなっていきます。

フィードフォワード第2の効果「実は自分が未来に意識を向けている」

続いて第2の効果。「実は自分が未来に意識を向けている」です。レシーバーにフィードフォワードをしたつもりが、フォワーダーにも効果が跳ね返ってきます。

脳には面白い働きがあります。発した言葉が「他人向け」なのか、「自分向け」なのか、明

図表13　フィードフォワード®のメカニズム

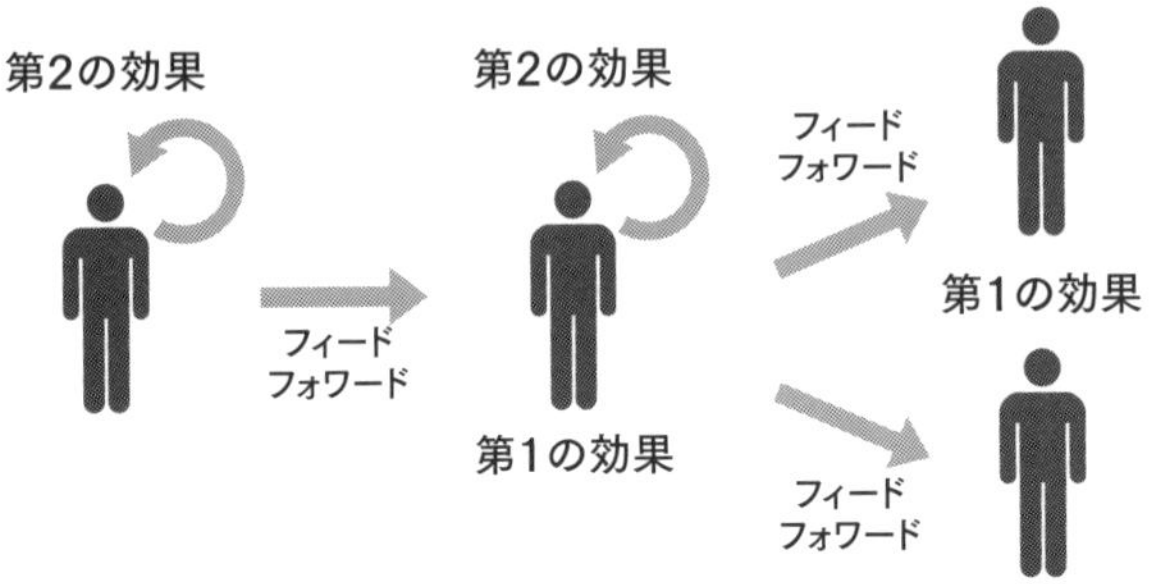

❶「フィードフォワード」を周囲の人に対して行う（第1の効果）
❷ 自分自身に対しての「フィードフォワード」になる（第2の効果）

出所）KAZUYOSHI HISANO AND CONOWAY, INC.

確に区別をしていないようなのです。

「悪口を言わないようにしましょう」とよく言われます。なぜか。脳の特性を考えれば理由は明らかです。他人の悪口を言うと、脳が自分に対して悪口を言っているのと同じように受け止めてしまうからです。他の人に発したつもりの言葉が自分に跳ね返ってきます。

飲み会の後で「ラーメン食べたくない？」と聞いてくる人がいます。これも周囲の人に尋ねているつもりが、無意識のうちに自分の思いを口にしているのでしょう。

フォワーダーは「これからどうしたいですか？」とレシーバーに問いかけますが、脳の特性から言えば、これは自分に問うているのと変わりません。何度もフォワーダーを経験すれば、何度も「これからどうしたいですか？」と聞かれていることになります。数多くフィードフォワードをする人は、自分自身にも数多くのフィードフォワードをしているのです。結果として、フォワーダーはフィードフォワードをすればするほど、自分自身がハッピーになっていきます。

世界で一番多くフィードフォワードをしているのは私です。ですから、「これからどうしたいですか?」と世界一、自分に問いかけているのも私。これからもさらに未来思考が深まっていくに違いありません。

「情けは人のためならず」ということわざがあります。誤解している例もたまにありますが、本当の意味は「他人に情をかけるのはその人のためだけではない。いつかめぐりめぐって自分に恩恵が返ってくる。誰にでも親切にしたほうがいい」というものです。フィードフォワードはまさに「情けは人のためならず」を地でいく手法と言えるでしょう。

フィードフォワードが当たり前になった組織の例

フィードフォワードが当たり前になった組織は、どんな様子なのでしょうか。少しスケッチしてみましょう。

まず、お互いがお互いの夢やゴールに関心を持ち、それぞれが別々のことを目指していることを理解しています。同時に、同じ職場で働いていることにも喜びを感じています。

「なぜ、彼が落語が好きなのかはわからない。でも、落語を好きな彼は好きだ。落語について熱く語る彼も悪くない。仕事もちゃんとやってくれている。休日であっても、彼に誘われたら、3回に1回くらいは独演会や寄席に付き合ってもいい」――そんな具合にお互いのことを捉えています。自分以外の人の幸せや成功を心から望んでいるのです。

そんなチームですから、ビジネス上の成果はごく自然に伸びていきます。コミュニケーションは良く、チームワークは抜群。生産性は高く、難しい場面でも諦めることなく粘り腰を発揮します。「やりたくてやっている」組織の強さでしょう。

ある会社の例で言うと、既存ビジネスで年率140%成長、新規ビジネスも次々と立ち上げています。社員も増え、離職率も低下。銀行からの融資も好調と、好循環が出来上がっていきます。社員は「忙しくて、大変で大変でしょうがないんです」と口をそろえながら、みんな嬉しそうです。まさにいいことづくめです。

では、フィードフォワードが当たり前になった組織が陥りやすい罠はあるのでしょうか。

あえて指摘するなら、成長のスピードが速すぎて経営者の能力が変化についていかないことが挙げられます。対策としては、経営者が勉強し続けること、そして同じようなスピード感で経営をしている先達と関わり続けることが挙げられます。

ただし、これは慣れの問題でもあります。最初こそバタバタするかもしれませんが、常態化すれば、いずれ落ち着いていきます。自動車教習所で初めて時速40キロを出したときは「速いなあ」と感じますが、免許を取って公道を走るようになれば、そんな感覚は忘れてしまいます。経営者のスピード感覚も同じです。

罠はもうひとつあります。やはり成長が急ピッチすぎて、社員とその家族の間にギャップが生まれやすくなることです。ですから、成長の段階では家族も巻き込んでいくような仕掛けが必要です。ときどき職場見学やバーベキュー大会のような家族イベントを企画し、今、会社がどんな状態にあり、どこに向かっているのかを理解してもらう必要があります。こうした局面で家族を置き去りにしてしまうと、ドリームキラー（後述）を生む要因になります。注意が必要です。

もうひとつ、完全にフィードバックで行動してしまう人が社内で力を持っている場合、どうすればいいでしょうか。

フィードフォワードの利点は、レシーバーが上司だろうが、社長だろうが、誰に対してでもできてしまうことです。とはいえ、頑固な人はどんな会社にもいます。

まずは自分が影響を及ぼしやすいところからフィードフォワードをしていきましょう。周囲が徐々にフィードフォワード的になってくれれば、その人がいつまでもフィードバック人間でい続けることは難しくなります。

ここで気をつけてほしいことがあります。「フィードフォワードで人を変えよう」とは考えないこと。その必要はないのです。フィードフォワードは人を変えるための手法ではありません。ささやかながら、その瞬間、その瞬間を良くしていくためにあるものです。フィードフォワードの会話によって、レシーバーが5分間でも未来思考になれば、それでよしとしましょう。

たとえば、上司に同行して電車に乗っているとします。上司のお説を拝聴しながら、「そうですよねえ」と相槌を打つついでに、「ところであのプロジェクトは次どうなるんですかね？」と未来に話を振ってみます。これもフィードフォワードです。上司は5分間だけ変わります。電車を降り、社に戻れば、またいつもの上司に戻るでしょう。でも、「5分間だけ未来に誘えたからOK」です。

一気に変革する必要はありません。こうしたことを積み重ねていくことで、少しずつ未来寄りになっている時間が増えていきます。フォワーダーの側に「尽くしている」という感覚はありません。むしろ、楽しいものです。

未来思考で部下と面談してみたらどうなるか？

未来思考で部下と面談してみたらどうなるでしょうか？

まず、部下の顔がパッと輝きます。それはそうでしょう。進捗状況によっては叱責されるかもしれないと思っていたのに、思いがけず「これから」について発言の機会を与えられたのですから。部下は、これを機に自信を持てるようになります。

ただし、いきなり「未来思考で」といっても、うまく話が続かないこともあるでしょう。「どうしたいですか？」と尋ねても、「いや、別にないっす」「この仕事をきっちり片付けて、飲みに行きたいですね」といった答えしか返ってこないこともあり得ます。

そんなときも別に落胆することはありません。部下の側が未来思考に慣れていないだけです。そんなときは世間話に終始しても構いません。無理やり長引かせる必要もありません。当たり障りのない会話を続けながら、ふっと未来に話を振るチャンスがあれば、試してみましょう。

「どこに住んでるの？」

「調布です」

「いつから？」

「もう10年くらいになりますかね」

ここまでは完全に過去思考です。ここで「これからもずっと住むの？」と未来思考の質問を滑り込ませます。

「そうですねえ。もうちょっと職場に近いところに住みたいんですけど、もう子供が学校に入っちゃってるんで」

「まあ、そうだよね」

わずか30秒程度かもしれませんが、未来思考の会話ができたことになります。こうした試みを臨機応変に少しだけ入れていくといいでしょう。10秒でも20秒でも構いません。効果は確実にあります。

なお、未来思考面談には「NGワード（フレーズ）」があります。「なぜそうしたの？」「どうしてそう思ったの？」「それを始めたきっかけはなに？」など、相手の意識・無意識を過去に向けてしまう質問は避けるべきです。

前述の通り、フィードフォワードが不発のときに世間話に切り替えて過去思考になるのは仕方がありません。ですが、せっかく未来思考で受け答えができているとき、NGワードを持ち出してはいけません。相手の意識が過去に飛び、そのときの状況を思い出してしまうからです。これではもったいない。

相手が未来に目を向けるのを助けるコミュニケーションはすべてフィードフォワード。短い時間であっても、相手の意識を未来に導けるように工夫してみましょう。

業績評価面談をフィードフォワードで行う方法

多くの会社で人事評価の面談を実施していると思います。面談の場では、社員が設定した目標に対する進捗状況を確認し、上司は助言や指導を行います。こうして次の目標に向けた課題を〝見える化〟していきます。しかし、こうした従来型の面談が過去思考の産物であることは言うまでもないでしょう。

では、業績評価面談をフィードフォワードで行うとしたら、どのような形になるのでしょうか。

結論から言えば、順番が変わるだけです。評価そのものに関しては過去の話をしても構いません。

まず、「これからどうしたいか？」を聞きます。このような始め方はどうでしょうか。

「今日はありがとうございます。じゃあ、始めましょうか。毎年やる業績評価の面談ですけど、まず最初に話をしていただきたいのは、○○さんがこれからどうしていきたいのか？　どんなふうに仕事を進めていきたいのか？　何を目指しているのか？　そういったことについて聞かせてもらえると、面談を進めやすいと思うんです。いかがですか？」

聞かれた社員は「業績評価がテーマなんだから、これまでの話をするんじゃないの？」と戸惑いながらも、聞かれたことに答えるでしょう。

「そうですね。今、××支店を任せてもらっているんですけど、△△な状態です。もう少し伸ばして、□□くらいまでは持っていきたいと思っています。そのためには、◇◇の勉強をしないといけません。子供も生まれたんでなかなか時間が取れないんですが、何とかやっていきたいと思っています」

このとき、レシーバーの意識は未来へと飛んでいます。

「これからどうしていきたいか」を話そうとすると、それを説明する過程で、自然に「これまで」についても触れることになります。この場合、未来に起点があるので、過去に向けて過度に引っ張られることはありません。

もちろん、レシーバーが過去について話をしないこともあります。それでも特に問題はありません。

従来の業績評価面談では、冒頭から「今まではこうだったよね」と切り出されます。過去に引っ張られたままの状態で課題について話し合うので、落ち込んでしまいます。その後、「将来の話をしようか?」と振られても、ほとんど耳に入ってこないでしょう。

フィードフォワード業績評価面談では「未来」→「過去」→「未来」の順番で話を進め、クローズします。未来の話を2回、過去は1回。十分に未来寄りの話ができるでしょう。従来型の正反対です。

もちろん、業績について突っ込んだ話をすること自体は問題ありません。それはそれできちんとすべきです。ただ、その会話によって部下のやる気を損ねてしまうのはあまりにもったいないです。

おじさん世代の方々は「メンコ」で遊んだ思い出をお持ちでしょう。手のひら大のカードを地面に置き、自分のカードを叩きつけてひっくり返す。単純なルールですが、1960年代ごろまでの男の子には絶大な人気がありました。

メンコ遊びでは、相手のカードをひっくり返してなんぼです。しかし、フィードフォワードではそこまでする必要はありません。レシーバーの心をひっくり返せなくても、ふわっと「浮かせる」ことさえできればいいのです。

フィードフォワードによってレシーバーの心にはさざ波が起きています。気持ちは前を向き始めているのです。反応が鈍かろうが、こちらからは見えなかろうが、心の奥底で変化は生じています。心配することはありません。

フィードフォワード・ミーティングとは、未来を作るディスカッション

ブレスト（ブレインストーミング）をご存じでしょうか？　複数の参加者が意見を出し合い、斬新で独自のアイディアを生み出すことを目的とする会議手法です。ブレストの成功のために、「アイディアをジャッジしない」「ユニークなアイディアを歓迎する」「質より量を重視する」「アイディアを結合させる」などのルールを設定して行います。ブレストでは何を言っても許されます。過去に視線を向けた分析的なコメントを出しても構いません。

このブレストの効果を高めるためにも、フィードフォワードは活用できます。名付けて「フィードフォワード・ミーティング」。いわば「未来に向けたブレスト」です。参加者は「未来にできること」「やりたいこと」を挙げていきます。

図表14　アイディアの「未来度」「抽象度」「現状の外度」を高める

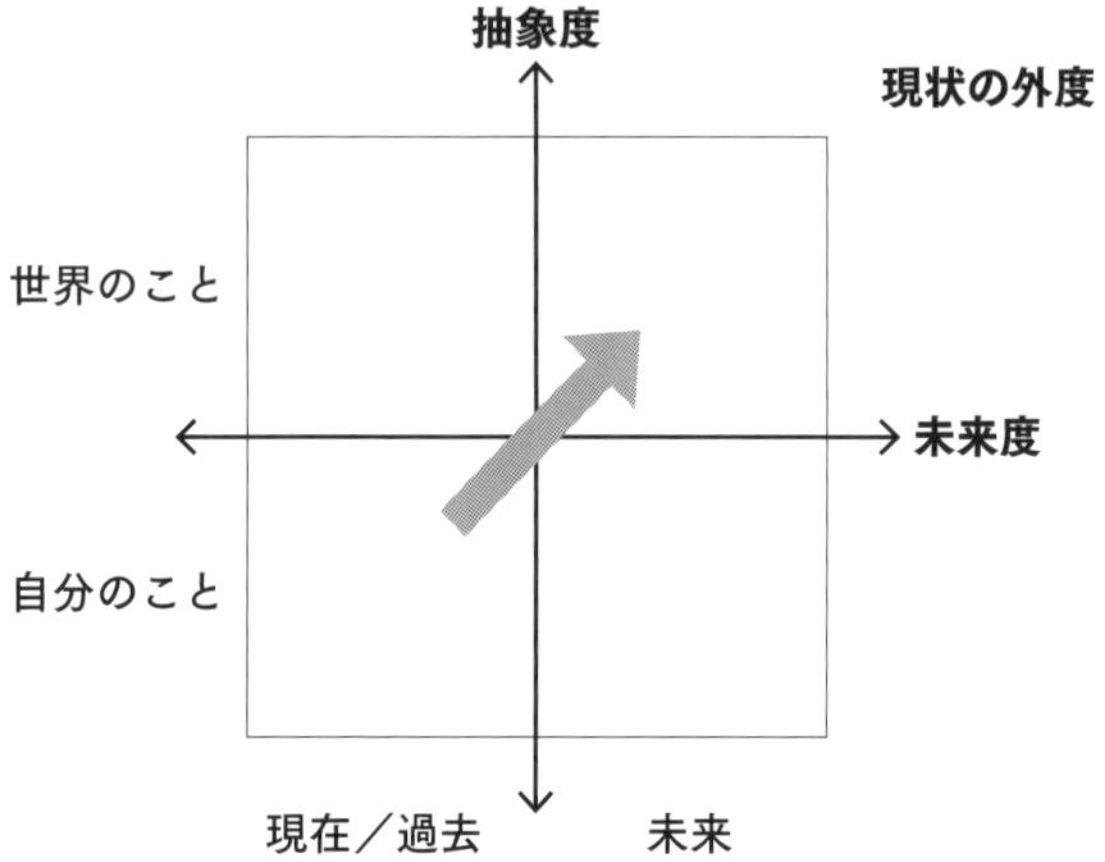

出所）KAZUYOSHI HISANO AND CONOWAY, INC.

社内の全ての会議をフィードフォワード・ミーティングにする必要はありません。通常の会議やブレストをしているとき、議長やファシリテーターが「ここは未来思考が必要だな」と感じたら、「ここからはフィードフォワード・ミーティングで」と切り替えます。その後の数十分間は「未来を作るディスカッション」が繰り広げられるのです。

ルールは従来のブレストに準じたものにします。フィードフォワード・ミーティングの原則を挙げてみましょう。「アイディアをジャッジしない」「出た意見やコメントの未来度・抽象度・現状の外度をさらに高める」。この2つです。

なかでも重要なのが「アイディアをジャッジしない」こと。どんな意見も否定しないようにします。その上で、出たアイディアの

図表15　あなたはどの象限に視線を向けて生きていますか？

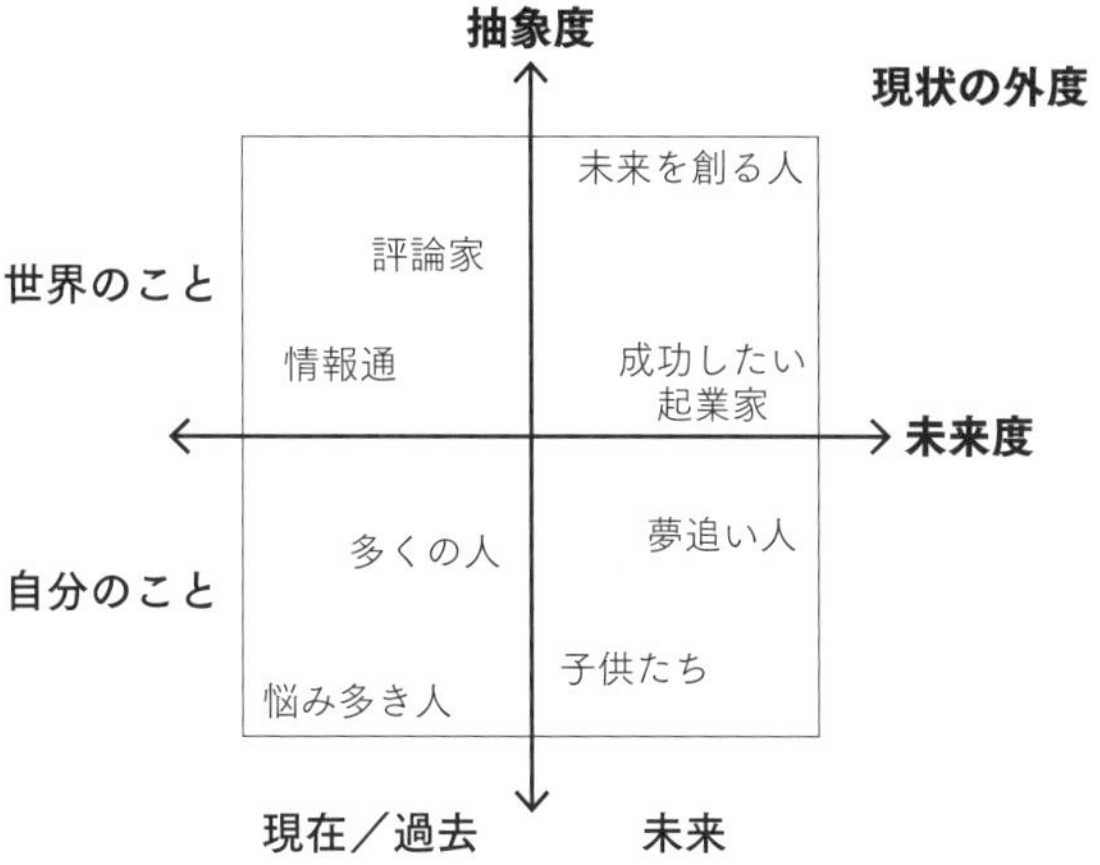

出所）KAZUYOSHI HISANO AND CONOWAY, INC.

「未来度」「抽象度」「現状の外度」を高めていけるよう、参加者で意識しながら進めます（図表14参照）。

注意すべき点がひとつあります。「本当にやりたい（「want to」）か？」を確認しながら、議論することが大事です。

「要は大きなことを言えばいいんでしょ」という認識で意見を出し合っても、単に大風呂敷を広げるだけで終わってしまいます。話のスケールが大きくなることは問題ありませんが、「本当にやりたい（「want to」）か？」は検証するよう心がけてください。

なお、参考までに、様々な属性の人々が「未来」と「現在／過去」および「世界」と「自分」という2つの軸で見たときに、どこに視線を向けて生きているかを表すチャートを図表15として掲載しました。CEOコーチングでは、クライアントが右上の象限に視線を向けて活動できるように促すことで、成功への歩みを加速させています。

家族や友人にもフィードフォワードは可能？

フィードフォワードは誰に対してでも行うことができます。すでにお話ししたように、目上の人に対してもすんなりと行えます。通常のコーチングを上司や先輩に対して行うのは難しいのとは対照的です。

日常の会話からフィードフォワードを行うのが理想です。話をするときはいつでもフィードフォワードになるように心がける。そうであればこそ、いざ本番となったときにもスムーズに行うことができます。フィードフォワードは「構えて行う」ものではありません。むしろ、構えないことで効果が得られます。

久しぶりに会った人との会話でも、将来の見通しを聞くのがフィードフォワードです。しかし多くの場合、つい近況を聞いてしまいます。もちろん、興味があるから尋ねるのですが、これをやってしまうと、過去に縛りつけてしまいます。相手にとってもマイナスになるのです。自分の興味や関心はひとまず置いて、未来思考のやり取りに終始する。私は普段からそうしています。

私の仕事では、クライアントの経歴を知らないまま何カ月もお付き合いすることも珍しくありません。普段の会話からフィードフォワードですので、目の前の人の過去についてはこちらからは何も聞きません。結果、本人も来歴について話すチャンスがないのです。

私の方はと言うと、結構モヤモヤした状態が続きますが、もう慣れました。クライアントのプロフィールを知らないまま成功に導くのが私の仕事です。どんなことをしてきた人なのかは、後になって知ることになります。クライアントは身の上話や世間話をするためにコーチングを受けるわけではありません。私のスタイルはごく当たり前のものなのです。

現状から目をそらしても「問題の放置」にならないのか？

フィードフォワードは未来思考で進めていくものですが、なかには、「未来に目を向けるのはいいが、現状から目をそらしてもいいのか？　単なる『問題の放置』にはならないのか？」と疑問を持つ方もいます。

結論から申しましょう。全く問題ではありません。

むしろ、現状の問題を見ることから始めると、良い解決方法を思いつきにくくなります。

逆に、フィードフォワードによって目指す未来を先に考えると、その未来を実現するために必要なことを「脳」が探し始めるのです。

直面している問題がある以上、「なぜ、起きたのか」を考える必要はあります。ただ、その前に「どうしたいのか」「どうする必要があるのか」「どう持っていくのか」を考えた上で現状を見るほうがうまくいきます。案外、簡単に解決したりするものです。

朝食をとっているとき、醤油を服にこぼしてしまったとします。大事な人とのアポがあるため急いでいます。こんなとき、そのシミを何とかしようと頑張ってしまいがちです。

これも未来思考で対処すればそれほど難しいことではありません。すぐに着替えればいいだけです。シミができた服はクリーニングに出します。これで何の問題もありません。

現状から目をそらすことは問題の放置に直結しません。むしろ、目をそらすことで解決を早めることができます。

社員に対してイライラしている経営者こそ未来思考が必要

いつもイライラしている。そんな人があなたの周囲にもいるはずです。経営者の中にも珍しくありません。

経営者はあからさまにイライラしても許されるポジション。その点で社員とは違います。しかし、そんなトップにこそ、フィードフォワードがお勧めです。会社の未来、社員の未来、自分の未来を見てみましょう。

すると、その未来に向かうために必要なことが見えてきます。そして、イライラするよりもやることがたくさんあると気がつきます。目指す方向を見据えていれば、イライラしている暇などないはずです。

経営者はなぜイライラしてしまうのでしょうか。その理由を考えると、「期待」の存在に行き当たります。期待しているからこそイライラするのです。

会社や社員に対する期待が見込み違い、誤りだった。そんなとき、ついイライラしてしまいます。しかし、その見込み違いはそもそも経営者の判断力不足によるもの。イライラすること自体が間違いです。百歩譲って、自分の中でイライラするのは仕方がないとしても、周りの人に当たってしまってはいけません。相手の実力を正しく見積もっていれば、イライラすることなどなくなります。

人生は「敗者復活戦の連続」だからこそ「未来思考」

日本を代表する建築家・安藤忠雄さんは『連戦連敗』と題する著書を出されています。安藤さんは世界中で行われる設計競技（コンペティション）に挑み続けてきました。その結果として、華やかなキャリアからは想像できないほど数多くの敗退を経験しています。『連戦連敗』はそうした経験から何を学び、何を考えたかを主題とする東京大学大学院での講義録です。

また、博物学者の荒俣宏さんは「人生は飛車角抜きの将棋のようなもの。負けて当たり前」と明言しています。お2人の姿勢には学ぶべき点が多いです。

こうした例を引くまでもなく、人生で敗北を経験することはままあります。私の感覚で言えば、「夏は暑い」と「人は敗北を繰り返す」はほぼ同じ響きに聞こえるほどです。

敗者であることは決して恥ずかしいことではありません。諦めない限り、いつも「試合の半ば」です。

「私は失敗などしていない。1万通りの駄目な方法を見つけただけだ」――発明王トーマス・エジソンが遺した言葉です。人生で全戦全勝など、かなうはずがありません。たくさん挑戦してたくさん負ける人が、うまくいきます。

実際のところ、負けたという気もしないものです。成功者には未来思考以外ありません。

6 自分を知る力［コーズ］

cause

コーズは「強度」と「高度」に分けられる

コーズ理論は「ゴールドビジョンメソッド」の3本目の柱。とても重要なものです。その「コーズ」についてはすでに何度か触れました。この章ではさらに深く掘り下げていきます。

「CAUSE」は「原因」を意味する英単語。この本で示す用語としての「コーズ」は私が考案しました。「信念」や「信条」などと言い換えてもいいのですが、よりインパクトのある表現を念頭に置き、「ゴールドビジョン」や「フィードフォワード」と並置した際の語感も考慮した上で「コーズ」と呼んでいます。

人は誰しも本質的に信じているコーズを持っています。コーズの強さと高さがその人の幸福や成功の度合いを決めるのです。

別の角度から見ると、コーズは今あるゴールに対して「なぜそのゴールなのか」という自分自身に対する根源的な理解でもあります。

コーズはあくまでも個人に帰属するものです。自分がわかっていればよく、他人に押し付けたり、押し付けられたりするものではありません。

コーズに近い意味合いで使われる言葉は他にもあります。「原体験」「価値観」「大事にしていること」などです。

さて、コーズは2つの尺度で測ることができます。「強度」と「高度」です。両者を合わせてコーズの「大きさ」と呼んでいます。

強度は、本人が「そのコーズを信じている度合い」のことです。

高度は、「コーズが普遍性、公益性を有し、他者にも受け入れられる度合い」を言います。「利他度」と言い換えてもいいでしょう。

コーズは過去の体験をベースに形成されます。本人は今のコーズの元で、当面やれることをやるしかありません。自分の意思でコーズ自体を変えたり、強度や高度を動かしたりすることは、基本的にはできません。

強度と高度でコーズをどう捉えられるのか。ひとつの例から見てみましょう。

「立ち上げた事業を軌道に乗せる」と頑張っている社長Aさんがいたとします。Aさんが、なぜ事業を軌道に乗せたいのかというと、2つの理由があります。「たくさん稼いで家族を幸せにしたい」「自分の力を世の中に示したい」です。そして、なぜ「たくさん稼ぎたい」「力を示したい」のかというと、Aさんは「幸せになるためにはお金がたくさん必要だ」と思っていて、また、「有能なのは価値があることだ」「世の中に認められるのは重要だ」と考えているからです。

このとき、「幸せになるためにはお金がたくさん必要だ」「有能なのは価値があることだ」「世の中に認められるのは重要だ」の3つがAさんのコーズです。

では、Aさんのコーズの強度と高度について考えてみましょう。どれくらい強く3つのコーズを信じているかが強度です。Aさんは、「幸せになるにはお金がたくさん必要だ」と強く思っていて、同時に「有能なのは価値があること」で、「自分の有能さを世の中に認めてもらいたい」とも強く思っています。事業で成功すれば、これらを同時に満たすことができるので一生懸命頑張っているわけです。ですから、Aさんのコーズの強度はかなり高い、ということになります。

コーズの高度の方はどうでしょうか。「お金が必要だ」と思っている人や、「有能なのは価値があることだ」「世の中に認められるのは重要だ」と思っている人は多そうですので、普遍性は高そうです。

一方、公益性に関してはそこまで高くありません。Aさんが「幸せになるためにお金がたくさん必要だ」と思っても、「有能であることが重要だ」「世の中で認められるのは重要だ」と思っても、それほど他の人の役には立たないからです。

また、別の角度から説明すると、コーズはある人にとってのいわば「そういうものでしょ

図表16　コーズの強度と高度を確かめる

力を入れて取り組んでいること	それが大事な理由	コーズ（信じていること）
なぜ →	なぜ →	
立ち上げた事業を軌道に乗せる	● たくさん稼いで家族を幸せにしたいから ● 自分の力を示したいから	● 幸せになるためにはお金がたくさん必要だ ● 有能なのは価値があることだ ● 世の中に認められるのは重要だ

↑ コーズの強度・高度を確かめる

出所）KAZUYOSHI HISANO AND CONOWAY, INC.

う」という確信です。「どうしてそう思うの？」と聞かれても「そう思うから」としか言えず、それ以上掘り下げることができないものです。

　たとえば、「カレーライスに合うのはらっきょうである」「目玉焼きには醤油をかけなければならない」などもコーズの一種です。後者の場合、高度は高くないですが、強度がとても高ければ、たとえば、「目玉焼き専用の醤油」を研究開発し、ヒットさせる可能性も出てきます。

　強度と高度で評価することで、コーズの社会的な影響力を測ることができます。さらに言えば、コーズはゴールと紐づけられることでそのインパクトが強まります。

コーズは体験から生まれる

コーズは自分自身の体験から形成されています。体験ですから、当然過去のことです。これまでの人生の中で体験した成功や挫折、喜びや悲しみ、身を置いた社会環境、所属したコミュニティー、両親や教師など影響を受けた人からの教えなど、すべての体験を通して出来上がっているのがコーズです。

今、ゴールはコーズの大きさによって規定されますから、コーズが強度と高度を兼ね備えていればいるほど、ゴールは大きくなります。ゴールが大きいと、人は何か大きな行動を起こしやすくなります。コーズがそこまで大きくない場合には、それに見合ったゴールが設定されます。自分のコーズに由来していなければ、テクニックとして大きく設定しようとしても、一度設定したゴールもコーズに合わせて小さくなってしまいます。

では、人は決められたコーズの元で生き続けなければならないのでしょうか。そんなことはありません。

前述の通り、コーズは過去に基づいています。人は生きている限り、未来→現在→過去の時間の流れの中で、常に新しい過去を作り出していきます。1時間前の出来事は昨日から見れば未来ですが、現在から見ると過去です。過去はどんどん増えていくわけです。

この新しい過去をどう作り上げていくかで、コーズに影響を与えることができます。つま

図表17 「コーズ」と「ゴール」の関係

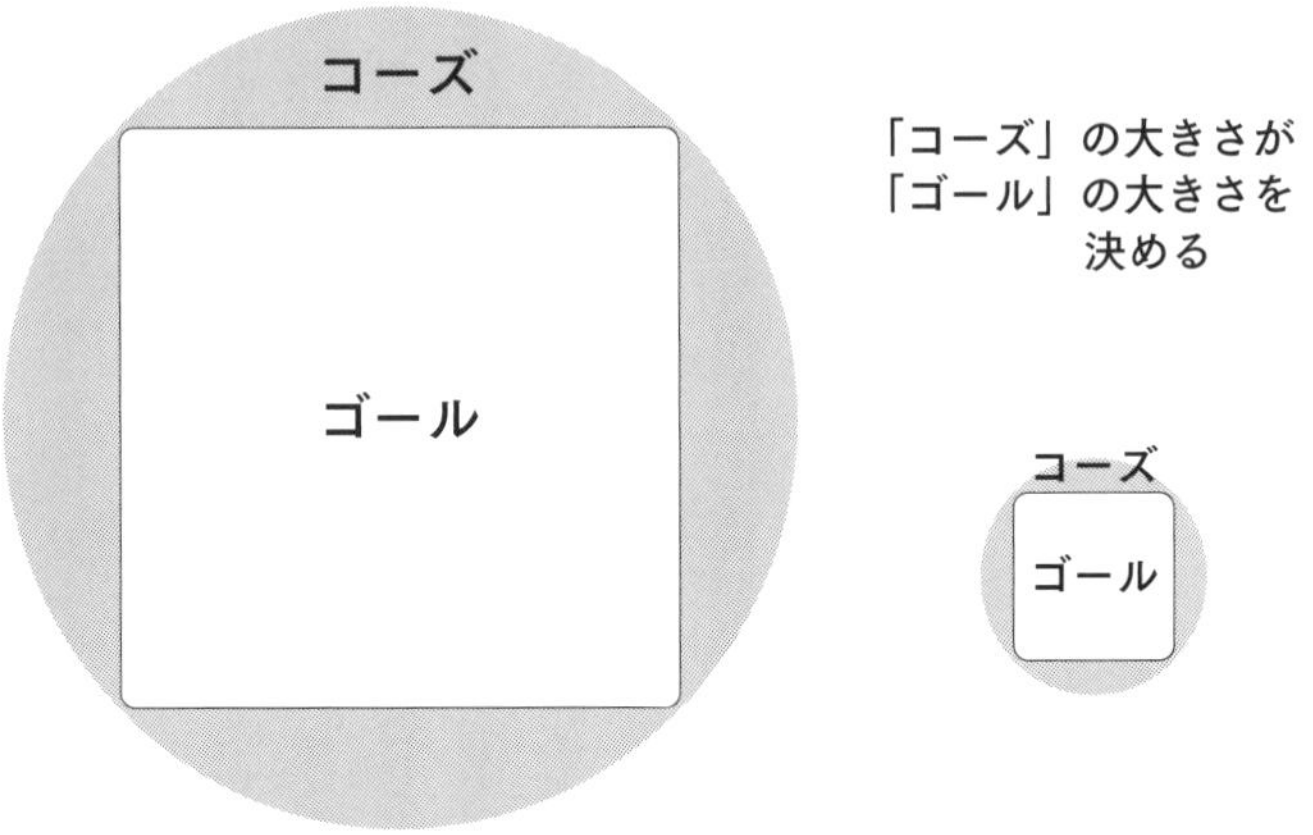

●「コーズ」の大きさ（「強さ」と「高さ」）を円の大きさで表し
●「ゴール」の「大きさ」を正方形の大きさで表している

出所）KAZUYOSHI HISANO AND CONOWAY, INC.

り、ゴールの側から長期的にコーズに変化を起こすわけです。具体的には、ゴールを大きくすることでコーズも押し広げられていきます。

例を挙げてみましょう。

旅行先で貧困層を目の当たりにした人が「貧困は根絶すべきだ」と思ったとします。これは本人の体験からくるコーズです。しかし、この人が育った家庭はそれほど貧しくはありませんでした。コーズはそれほど大きくありません。ですが、貧困根絶というゴールを持ち続け、様々な活動に携わりながら時間を過ごすことで、コーズに影響を与えることができます。貧困の実体験は伴わないものの、時間をかければコーズを押し広げていくことは可能なのです。

現場に通ったり、人の話を聞いたりして、過去の体験を増やしていくわけですが、それができるのも貧困根絶というゴールを設定しているからです。ゴールがなければ、いくら体験しても、コーズは微動だにしません。

コーズを見つけること自体に時間がかかる場合もあります。5年、10年といったスパンで見つかる人も少なくありません。焦ることはないのです。地道に探していきましょう。

原体験がコーズを生むという意味では「カエルの子はカエル」はかなり確度の高いことわざと言えます。父親が国会議員であれば、子供もそうなりやすい。そんな例は枚挙にいとまがありません。この「カエルの子はカエル」をひっくり返す方法がゴールドビジョンであり、フィードフォワードなのです。

私自身の例をお話しすれば、コーチングは7歳からやっています。人にものを教えるのは得意でしたが、学校の先生になることは考えていませんでした。何度も考えていくなかで、「やはり教える仕事がいいんじゃないか」と思うのですが、当時は他の仕事がやりたかった。やはり踏み切れずにいました。ただ、気がつけば徐々に「教える仕事」に近づいていました。会社で部下を持ったときも、教え上手だからうまくいっていたのでしょう。

そして、結局は自分の道へとたどり着きました。原体験は7歳のとき、クラスメートが「勉強を教えて」と言ってきたときのことです。教えて「わかった」と言ってくれても、家に帰ると、また元通り。その友達の親は「勉強なんかしても仕方がない」と子供を叱るような人たちでした。結局、中学3年生まで、その子には勉強を教え続けました。でも、別れ際には必ず「どうせ駄目なんだよね」と言われてしまいます。無力感にさいなまれていたのです。

「そんなことないから。大丈夫だよ。できるよ」と彼の背中に向かって毎回声をかけ続けました。そんな経験が私のコーズを形作り、20年以上の時間をかけて現在へと導いてくれたのでしょう。

コーズの注意点は「過去にとらわれないようにすること」

コーズ理論には鉄則があります。それは「コーズについては考えるのは、十分に未来思考が身についてから」。順番を間違うと、逆の効果しか得られません。

コーズは過去の体験を土台にして作られています。このことはすでにお話ししました。さらに言えば、コーズについて考えるとつい過去思考に陥ってしまいます。この点には注意が必要でしょう。過去の体験や記憶はお互いに関連し合っています。コーズについて考え始めると芋づる式に多くのことに気がついてしまい、過去にどっぷり浸かってしまうリスクがあります。過去に浸り切ってしまうと、未来に進む力は大きく削がれます。避けた方がいいのです。

コーズについて考えるのは未来思考を完全に身につけてからにしましょう。その方が安全です。

私の話が続いて恐縮ですが、コーズの概念自体には20代の頃から思い至っていました。未来に進んでいこうとするなかで、何度も「俺っていったい何なんだろう」という疑問が頭に浮かび、思案の末、「自分を深く理解することは推進力になる」との結論に至りました。

しかし、「しっかりと未来を見据えていないと、その推進力はなかなか発揮されない」ことも同時に理解していました。ですから、コーズについて語るのはゴールドビジョンやフィードフォワードについて説明を尽くしたあとにしています。

拙著『思い描いた未来が現実になる　ゴールドビジョン』、『いつも結果を出す部下に育てるフィードフォワード』で、あえてコーズ理論について詳説しなかったのも同じ理由からです。コーズを本格的に取り上げるのは、この本が初めてということになります。

本物度を形成する5つの要素——現状の外度、抽象度、未来度、コーズの強度・高度

「本物度」についてはすでに簡単に説明しました。傑出した成果を挙げる人が備えている特質のことです。「天才」の条件と言ってもいいでしょう。

本物度が高い人は次の5つの要素を高い次元で備えています。

①「現状の外度」が高い：常に「現状の外」にゴールを設定している（スケールの大きな発想ができる）

②「未来度」が高い：常に「未来」に目を向けている（スケールの大きな発想ができる）
③「抽象度」が高い：常に「高い抽象度」で世の中を見ている（クリエイティブな発想ができる）
④「コーズの強度」が高い：自分の「コーズを強く信じている」（人を巻き込み、支援を得られる）
⑤「コーズの高度」が高い：「公益度が高いコーズ」を持っている（人を巻き込み、支援を得られる）

なぜこの5つなのでしょうか。「現状の外度」と「未来度」「抽象度」には相関関係があります。「未来度」「抽象度」が高くなれば、自ずと「現状の外度」も高くなります。逆もまた同じです。

この関係を、「背景」として支えているのが「コーズの強度」「コーズの高度」です。5つの要素はそうした関係にあります。

「コーズの高度」「コーズの強度」についてもう少し詳説しましょう。

「世界から戦争をなくしたい」と漠然とでも思っている人は大勢います。この思いは、「戦争で人や社会が傷つくのは良くないことだ」のようなコーズから生まれるはずです。これは高度の高いコーズです。しかし、当人が本当に強くそう思っていなければ、強度は低くなります。これでは何も起こせません。

一方、一見独りよがりのような思い込みでも強度が高ければ、高度は低くても実現する可能性が高まります。

ビジネスの拡大のためには、コーズの高度よりも強度の方が重要です。たとえば、プラモデルに色を塗るのに、既存の塗料では納得できない人がいたとします。ついには「どうしてもこの色じゃなければ駄目だ」と自分で作ってしまう。高度は高くないかもしれませんが、強度は高い一例です。

ほとんどの人には関心を持たれないものの、一部のマニアには熱狂的に支持される。強度はこだわりに直結するのです。

こうしたこだわりの強い人がやがて抽象度や現状の外度を上げていき、特殊な色を別の場面でも使えるようにしたり、色の概念自体を大きく変えたりしていけば、次元が違う結果を残せる可能性があります。

高度が高い経営者は次のステージに進んでいける

コーズの強度がこだわりを生み、ユニークなビジネスが生まれるきっかけになる一方で、経営者の「コーズの高度」が高くなるほど、事業が大きく育つ可能性は高くなります。「コーズの高度」が高い経営者は、次のような特徴を備えているため、そうでない経営者に比べて圧倒的に有利です。
▽優秀な人材を採用でき、社内外の協力者に支援される
▽顧客に愛される
▽社会一般からの支援を得られる

企業の社会的責任が議論されるようになってから、ずいぶん時間が経ちました。国際標準化機構（ISO）が「社会的責任」の呼称で国際規格「ISO26000」を策定したのは2010年11月のことでした。

経営者が本当に「公益性」を重視しているのであればよいのですが、こうした風潮にただ乗りする格好でお題目だけ唱えるのはあまり得策ではありません。

一例を挙げれば、ソフトバンクグループの創業者・孫正義さんは本気で情報革命を起こしているように見えます。腰の座った公益性への指向があればこそ、リスクを抱えながらも事業を推進していくことができるのでしょう。

エフィカシーを高く維持してゴールが小さくなるのを防ぐ

「エフィカシーがゴールのつっかえ棒となる」話を覚えていますか。ここではコーズとの関連性を含め、もう少し説明することにします。

コーズがゴールの大きさを決めること、ゴールが大きくなればコーズも影響を受けることは前述の通りです。

思い切ってゴールを大きく設定してみても、コーズの大きさは決まっているので、放っておくと、そのゴールはコーズに合わせて小さくなってしまいます。ゴールを大きく維持するためには、エフィカシーを「つっかえ棒」として活用することです。

エフィカシーは「自分ならできる」と思える度合い。これが高ければ、高いゴールも維持しやすくなります。やがてコーズにもじわじわと効いてきて、変化を来していきます。

そうは言っても、心が折れそうになることはあるでしょう。エフィカシーを高く維持するコツはあるのでしょうか。

本質的にはエフィカシーを自分ひとりで高く保ち続けるのはなかなか困難です。エフィカシーが高い人たちの中に身を置き、交流することが大事。そうした環境を作る努力（工夫）が必要です。

すでにおわかりでしょうが、「未来を視る力」（ゴール設定）と「自分を信じる力」（エフィカシー）はワンセットです。さらにはコーズとも表裏一体であることを理解してください。

図表18 「コーズ」と「ゴール」と「エフィカシー」の関係

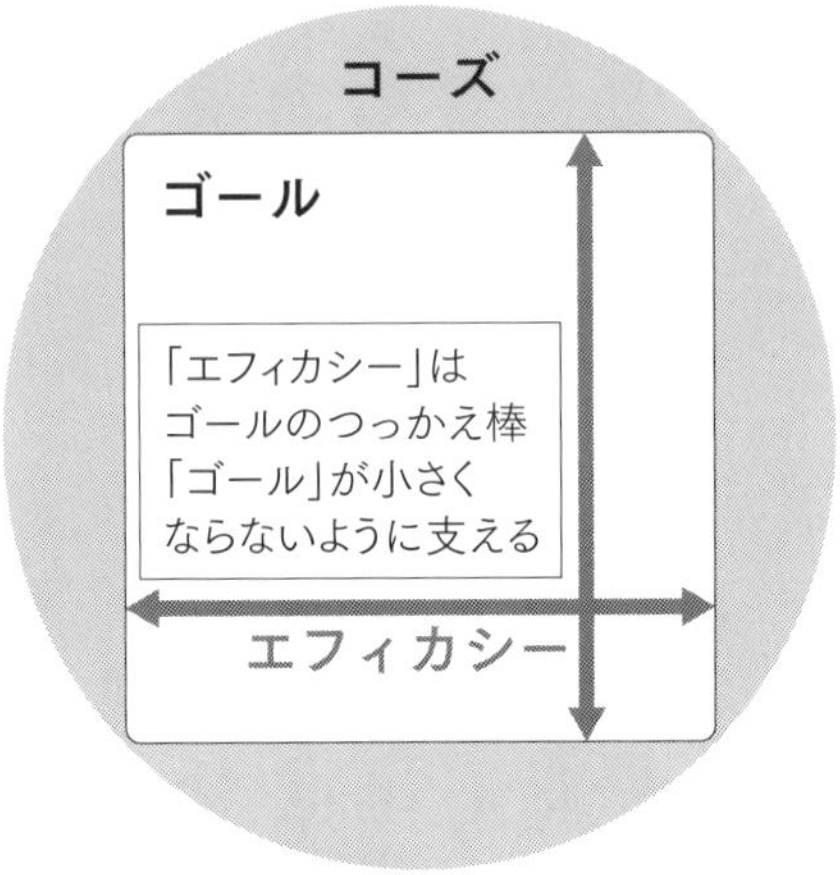
コーズ
ゴール
「エフィカシー」は
ゴールのつっかえ棒
「ゴール」が小さく
ならないように支える
エフィカシー

出所）KAZUYOSHI HISANO AND CONOWAY, INC.

利益は感謝の印

ひとつ、前提を確認しておきましょう。お金を儲けること自体は全く悪いことではありません。良いことです。

この点、コーズについて話をしていると、あたかも私が「金儲けは悪」と主張しているかのように受け取る方もいるようです。それは誤解だと強調しておきます。

極めてシンプルなのですが、コーズが大きい人は大きく稼げる可能性も高くなります。

なぜか。多く稼ぐためには、多くの人に深く喜んでもらう必要があります。そのためにはコーズが大きいほうが有利だからです。

では、コーズが小さい人は稼げないのでしょうか。先ほどお話ししたように、当面は現在のコーズで対処していくしかありません。

ゴールを高く保ち、コーズを広げるように努めましょう。そうすることによって、より多くの人を深く喜ばせることができるような存在になり、次第に稼ぐ力も高まっていきます。

「利益はお客様からの感謝の印」という観点からも、コーズを大きくしていくことは重要なのです。

なぜこの仕事をする？　無意識との出会いがカギ

「過去はいつも新しく、未来はつねに懐かしい」――写真家の森山大道さんの著書のタイトルです。コーズに出会えたときの感覚はこれに近いものがあります。こうした境地にたどり着きたいといつも願っているのですが、簡単なことではありません。

コーズと出会うことは自分を知ることでもあります。「自分を知る」とは過去と未来の自分の両者と出会うことを意味します。未来にこうなっているであろう自分を知り、そこに至るまでの自分を理解する。これができれば心には静寂が訪れます。一方で穏やかな高ぶりも覚えるでしょう。脳内ではドーパミンが出ています。

こうした多幸感に包まれた状態が24時間、365日続く。そんな毎日を送ることがイチヒャク経営者には求められます。

社員に関しては、24時間は難しいとしても、そうした時間帯が増えることで会社全体が「落ち着いて推進していく力」を得ることができます。「『熱狂的な状態』を作り出せ」と説くビジネス書をときどき見かけますが、それではイチヒャクの達成は難しいでしょう。何より持続しません。

表現を変えてみます。

コーズとは、「自分がなぜ今このことをやっているか」の答えです。コーズを知ることは自分を知ること。この場合の「自分」は「無意識」と表現してもいいでしょう。この無意識には未来と過去が内包されています。

「なぜ、やってきたか」はそれほど重要ではありません。「これから何をやろうとしているのか」「なぜ、今やっているのか」が眼目です。

コーズがはっきりとわかって、それに納得できると、仕事も日常もシンプルになります。すっきりするのです。頭もクリアに働くようになります。

これは体感したことがない人にはなかなか説明しづらいのですが、一度でも経験がある人にはすぐにおわかりいただけると思います。

ゴールとコーズがはっきりすると無駄が全くなくなります。１人でも多くの方に、このような体験をしていただきたいものです。

7 実行する力［エグゼキューション］

execution

そもそも行動しなければ何も起こらない

この章では「実行する力」について説明していきます。

そもそも行動しなければ、何も起こりません。しかし、人間の脳には「考えただけで実現したように感じる」仕組みがあります。この特徴は諸刃の剣なので、バランスに気をつけて上手に活用する必要があります。

ゴールドビジョンメソッドは認知科学を基礎とした「自然に行動したくなるような方法論」です。ですから、本来、「行動しないといけない」ということはありません。

しかし、「コンフォートゾーン」の力は想像以上に強固です。

同時に、「ドリームキラー」という問題もあります。文字通り、誰かの夢の実現を阻む存在のことです。最大のドリームキラーは自分自身でしょう。

コンフォートゾーンの強固さとドリームキラーの存在が相まって、結局、アクションを起こせない人や組織は少なくありません。

ゴールの世界に対する臨場感が高まると、実現したのが当たり前になって、その状態が新たなコンフォートゾーンになります。そうなれば、そのコンフォートゾーンが現実になっていないことに強い違和感を感じて、自然に行動したくなります。

ただし、ここでのさじ加減はちょっとデリケートです。実現したと錯覚するくらいに臨場感を高めるわけですが、本当に錯覚してしまうと、やらなくなってしまいます。この塩梅が難しいのです。

あなたが目指すゴールの世界を実現している人と関わってみることをお勧めします。「まだ足りないな」「まだできてないな」と実感してみるのです。行動を起こすために必要な確認です。

イチヒャクを達成するためには、「実行する力」が必要です。逆に言えば、強力な「実行する力」を手に入れられれば、イチヒャクは達成できます。

計画する力（プランニング：Planning）

フィードフォワード的に考えると、「計画する力」には違和感があるかもしれません。何となくPDCAを想起する方もいるでしょう。

ここで言う「計画する力」はちょっと違うものです。ゴールを設定したあと、脳が自動的に行う逆算のことです。

ゴールが決まると、その分野の知識、経験に応じて漠然とステップが見えてくるものです。知識や経験が豊富であれば、ステップはよりクリアかつ詳細に見えるでしょう。そのステップを言語化し、具体化していくのが「計画する力」です。これはむしろ推奨できます。

注意したいのは、「過去の経験ではこうだったから」と積み上げ式で組み上げる計画にならないようにする、ということです。新規事業の開始や新商品の立ち上げというと、よくこのような積み上げ式が行われます。データを収集して、セオリーを構築して――という型です。一見よさそうですが、これは過去の最適化。よくて現在の最適化に過ぎません。こうした計画が明日も本当に有効かどうかはよくわかりません。

明日も有効な策は、未来から考えた方が確実なのではないでしょうか。しかも、その未来とは漫然と迎えるものではありません。自分が待ち望む未来です。そんな未来から逆算して見えてくるステップを具体化するときには、過去の経験にとらわれないように注意します。

1　遠くのゴールの元で自然と計画が決まる
基本的には脳に任せます。肩に力を入れなくて大丈夫です。

2　周囲の協力を得るためにはプランが必要

ゴールドビジョンでは「計画できることは実行できることと同じ」と考えています。ゴールドビジョンにおけるゴールはすでに実現しているかのように感じるもの。それを持つことができれば、実行できるはずです。

しかし、現実には1人ではできないことも数多くあります。そこで「計画」を他の人に見せ、支援してもらうわけです。計画を書き上げるスキルは人を巻き込み動かす上では欠かせない要素のひとつ。見落としがちですが、非常に重要なものです。

3　PDCAが悪いわけでない

PDCAが全面的に悪いということはありません。大きなゴールを設定した上で、計画（P）から始めるのはよいことです。常にゴールを前提にすることを忘れないようにしましょう。

4　書き出してみると脳が動き出す

頭の中で考えているだけだと、なかなか前に進まないものです。一度、紙に書き出す、あるいはパソコンやデバイスに打ち込むといった過程を踏んでみましょう。客観視することができ、自然と前に進みたくなります。

困難を乗り越える力（オーバーリープ：Overleap）

経営の現実はまさに困難の連続です。乗り越え方を身につけていくことがイチヒャク経営者への近道。基本中の基本と言ってもいいでしょう。

「困難を乗り越える力」は「抽象度」と言い換えても差し支えありません。大半の困難は一段視座を上げることで、それほどでもないと感じられるようになるものです。二段も上げることができれば、かえってチャンスにさえ思えてきます。

ただ、そうした力を単に「抽象度」と言い表すだけでは不十分です。「≒抽象度」という意味で、ここでは「困難を乗り越える力」としておきます。

①「自分なら乗り越えられる」という自己評価が原動力

どんな困難でも、乗り越えられるとわかっていれば楽しい体験になります。なかなかに盛り上がることとさえあります。「勝てる」とわかっているゲームが楽しく、わくわくするのに似ています。「乗り越えられない」と思った途端、苦しくて仕方がなくなります。

この世に「乗り越えられない困難」などありません。すべての困難は本来楽しめるはずなのです。本当にできる人はピンチを楽しんでいるようなところがあります。

ここでも大事なのが自分を信じる力＝エフィカシー。エフィカシーはもともと他人の評価を必要としないものです。他人がいくら「無理だ」と思ったとしても、自分が「できる」と感じられれば、それで問題ありません。

②過去の実績もフル活用する

過去の実績は未来に転じてエフィカシーの源にしてしまいましょう。大事なのは、これからどんなことができるかです。

たとえば、昇進・昇格。一般的には過去の実績を元に決めていくものです。そうではなく、これから直面する困難を乗り越える力を見て判断してはどうでしょうか。昇進・昇格後に「こんなはずでは」となることが格段に減るでしょう。

ところで、役職や昇進に関しては、アメリカのビジネス界に冗談みたいな話があります。「すべての役職者は無能である」というのです。ビジネスパーソンはみな昇進していきます。やがて、誰もがどこかのポストで限界を迎えてそれ以上活躍できなくなり、昇進が止まります。その結果、すべてのポストが活躍できない無能な人によって占められることになり、そのため、全員が無能だというのです。シニカルなジョークのようですが、思い当たるふしもあります。

では、未来に向けた力をどう測るのか。これはなかなかの難問です。結論としては抽象度で判断することになります。

③「修羅場体験」が決め手になる

仕事の能力は現場で鍛えられる。私は常々そう感じています。現場には「修羅場」とでも呼ぶべき大変な事態がたくさん転がっています。それらを体験し、乗り越えることで能力は高まっていきます。

修羅場に遭遇しながらも高い抽象度を維持する。これこそが困難を乗り越える力の中核をなすものです。巻き込まれながらも、俯瞰して事態を見渡せる人だけが修羅場を克服していきます。人を育てるのに一番いいのは、厳しい局面を経験してもらうことです。

修羅場体験がトラウマになった事例への適切な配慮も必要です。失敗したあと、無理して再挑戦しようとしても、「have to」になりかねません。

原理原則を適用すれば、「うまくいっていることをイメージして」というビジュアライゼーションを活用することになります。ただ、失敗を通じて得た「痛い思い」「苦い思い」を思い出しながら何かをしようとしても、どうしても「逃げ」の姿勢になってしまいます。

逃げながらの行動では、良い結果は生まれません。分岐点は「あのときの体験が原因で今回の挑戦に臆病になっている」と認識できるかどうか。トラウマをトラウマと自覚できているかどうかがカギです。

④役員の「修羅場体験」を若手に共有する企業文化

本人が修羅場を経験することが難しければ、先輩から話を聞く機会を作るという方法があります。役員の「修羅場体験」を若手に共有する機会を設けている会社もあります。ただし、体験を語ることが単なる自慢話にならないような注意は必要です。しらふのときに会議室で行うのがいいでしょう。

⑤若手を育てる「失敗できる環境」の作り方

かつては「かわいい部下をあえて谷に落とす」習慣がありました。言うまでもなく、「獅子は我が子を千尋の谷に落とす」のことわざにならった教育法です。ライオンは生まれたばかりの子を深い谷に落とし、はい上がってきた生命力の高い子のみを育てると言います。そこから転じて、本当に深い愛情を抱いている相手にあえて試練を与えて成長させることを意味します。

しかし、現在の社会通念ではほとんどの若手社員が「あえて谷に落とす」ことの意味を理解できません。迂闊にそれをやってしまうと、成長の機会になるどころか、取り返しがつかない事態を引き起こしてしまいます。

それでも人材育成の必要性はあります。今の社会に即した形として、私は「失敗できる環境」をいかにして作るかを重視しています。若手を本当の意味で成長させるのは小さな失敗ではありません。中規模以上の失敗を経験してこそ、始めて大きく伸びることができるものです。

まずは思い切った挑戦をしてもらうこと。狙って作るわけではないにせよ、「本人が想定していたような結果が得られなかった」という事態は起こります。何しろ仕事ですから。

こうした経験はなるべく若いうちに済ませるのがベストです。そのためには、所属する組織が「失敗を奨励する」文化を持っている必要があります。

いくら「挑戦」を奨励しても、社員は踏み出しません。「失敗」を奨励してこそ、挑戦に躊躇しなくなるのです。挑戦しなければ、失敗もありません。「よく失敗したね」と称え合える環境をあなたの会社は保持しているでしょうか。

⑥乗り越えられない人をどうするか？

若手に挑戦を奨励することの重要性は、いくら強調しても、し足りないほどです。挑戦すべき時期にそれをしないで、ひたすら手堅く地歩を固めてきたような人たちが次々に役員に昇進するような組織の末路は惨憺たるものです。これだけ変化が激しい時代に「そつなくこなす」だけの面々が取締役会を席巻している組織は、不幸でしかありません。少々やんちゃなくらいでちょうどいいのです。

一方、そうは言いながらも、困難を乗り越えられない人材もいます。彼らへの対応も大事なポイントです。

基本はいたってシンプル。「待つ」ことに尽きます。上司にできることは「いずれできる」と信じることだけです。

ただし、仕事には期限がつきまといます。このままでは間に合わないというのであれば、当人に説明した上で他の人に任せます。

挑戦を重んじる文化がある組織であれば、「挑戦して駄目だった場合にどうするか」を前もって織り込むこともできます。たとえて言えば、野球の継投策のようなものです。替えられる側に悔しさはありますが、チームのことを考えれば、致し方ありません。やむなく交代を迫られた人も「これでジ・エンド」ではありません。必ず次の機会を与えることの重要性は言うまでもないでしょう。

地道に続ける力（ステディネス：Steadiness）

「ウサギとカメ」のおとぎ話はご存知だと思います。言うまでもなく、この話には寓意があります。

「いくら能力があったとしても、慢心して油断があれば、時機を逃してしまう。一方、たとえ能力が低くても、着実に集中力をもって取り組むことができれば、最後に大きな成果を得られる」

言うまでもないことですが、前者はウサギ、後者はカメです。

この話を踏まえて、はっきり言っておきます。最後に勝つのはこつこつ歩みを進める「カメ」です。才能に恵まれているものの、自信過剰な「ウサギ」ではありません。

仮に画期的なアイデアを持っていたとしても、実行できなければ、ただの思いつきで終わります。途中で退場すれば、よくてただの「惜しい人」です。こんな例はビジネスの世界では掃いて捨てるほどあります。

「地道に続ける力」を涵養する上で重要な点をいくつか挙げておきましょう。

①遠くのゴールに向けて続ける力

適切なゴール設定が成功への道筋を示してくれるメカニズムについてはすでにお話ししました。仕組みを十分に理解していれば、「続ける」ことが可能です。一方、理解が不足していると、「やめどき」「続けどき」の判断ができなくなってしまいます。

「やめどき」は興味が失せた瞬間です。その瞬間は「興味が失せた」と認識する形では訪れません。むしろ、「気がついたら興味が失せていた」という形になります。

②やめてしまうと何も残らない

心から望むゴールに向かって進んでいく。こうした営みは普通のことですし、尊い行為だとも言えます。

ところが、残念ながら私たちの社会はそうした姿勢を必ずしも尊重してはくれません。「そろそろ大人になろうよ」——そんなふうにささやいてくる輩が周囲にいませんか。「大人になれ」と説かれるたび、私は心の中で「意味がわかんねえよ」と叫んできました。

現在の日本では「夢を諦める人」を「大人」と呼んでいます。そんな大人になりたい子供がどれだけいるでしょうか。

改めて確認しておきます。途中で諦めてしまう必要はありません。そんな助言に従うことはないし、耳を傾ける必要さえないのです。

「諦めるとき」は他人に強制されるものではありません。ただ興味がなくなり、終わっていくものです。自分が望むことに粘り強く取り組むのはとてもいいことです。もちろん、他に果たさなければならない役割をすべて放り出してでも、という意味ではありません。なすべきことはなしながら、それでも続けていけばいいのです。「時間がない」というなら、できる範囲でやればいいでしょう。「時間不足だからできない」のかといえば、そうでもないものです。ないよりはあったほうがいいでしょうが、時間は絶対的に必要なものではありません。

誰かの目線や声を気にして取り下げる必要はありません。バランスホイールを思い出してください。やりたいことはしっかりやりましょう。

③「ウサギ」や「キリギリス」は不幸なのか？

先に触れた「ウサギとカメ」や「アリとキリギリス」のようなおとぎ話では、ウサギやキリギリスがあたかも不幸であるかのような設定がされています。しかし、私は彼らが必ずしも不幸であるとは思っていません。

すべては選択であり、自己責任だからです。重要なのは「ウサギやキリギリスがどんなゴールを持っていたか」です。外から見た結果は本人の満足度とは関係がありません。彼らが「ここで休んだら（遊んだら）、競走に負ける（冬になって困る）」と知らないで休んだ（遊んだ）のであれば、知識や想像力が足りなかったということになります。知っていて休んだ（遊んだ）のであれば、自己責任です。

ウサギやキリギリスがどんなゴールを描いていたかは、お話の中でほとんど出てきません。ウサギのゴールは競走に勝つことではなく、道中を楽しむことだったのかもしれません。キリギリスも冬に生き延びることよりも、夏の暮らしの楽しさを享楽的に謳歌することを選択しただけ、という可能性もあります。そのこと自体は自由です。

もう一度言いますが、レースに最後に勝つのはカメです。しかし、ゴール設定を無視したまま、お話を通じて、「勤勉であれ」というメッセージだけを伝えるのはどうも違う気がします。すべてはゴール次第なのです。ウサギやキリギリスは自分たちの人生に納得し、満足感を得ていたかもしれません。一方、カメやアリが満足度の高い人生を送ったかといえば、必ずしもそうではないかもしれません。

④自分のために続けるのが組織のためになっている状態を作る

カギになるのは、組織と個人のゴールの共有です。組織のバランスホイール、個人のバランスホイールの中で、それぞれが共有できるポイントや領域が特定の抽象度で存在し、それを見つけることさえできれば、うまくいきます。

組織と個人が共有できるゴールを達成できたとき、あるいはそこに向かって動いていると き、個人は幸福です。結果として組織も幸福です。お互いが相矛盾することなく、幸福を感じられる。そういう状態が理想です。

大前提として確認すべきことがあります。組織が結果を出すと、社員が昇進したり、昇給したり、社会的な地位が上がったりします。その結果、社員は幸福になると思われてきました。そのために組織のパフォーマンスを上げようと努力が重ねられてきたのです。

ところが、特に21世紀に入ったあたりから、様相が変わってきました。「幸福な組織こそが成長する」とわかってきたからです。「成長したから、幸福」ではなく、「幸福だから、成長」。そう考えれば、個人のゴールを満たしていくことが必須だとわかります。

もちろん、個人のゴールを達成しながら、組織がゴールを達成できないようでは困ります。組織と個人が同時に達成、実現できるゴールを見つけていくことが重要なのです。それが「自分のために続けるのが組織のためになっている状態」です。

かつては自分を抑えて組織のために仕事をする時代がありました。しかし、それは難しいし、時代的にも合っていません。組織が個人のゴールを尊重する時代に移行しているのでしょう。

⑤続けている人が感謝される企業文化

「どんな人をスターにするか」によって組織の文化は決まります。

私は「決めたことを、考えながら、着実に続けている人を称える」ことを推奨しています。こうすれば、「続けている人」は必ず増えていきます。

ここで大事なのは、称賛される人が「自分でゴール設定をし、そこに向かっていて、成果を挙げている」ことです。単に生真面目なだけでは不十分。「言われたことをやっている」「言われなければ動かない」では駄目なのです。

⑥それでも必要な気まぐれさん

右記⑤とセットで考えたいことがあります。「ただ在籍期間が長いだけの人を称える」ことは決して得策ではありません。それでは本当に有能な人が辞めていきます。短期間で結果を出す「気まぐれさん」的な存在にも、スポットライトを当てる必要があるということです。気まぐれさんは瞬発力のある人材（と同時に、持続力のない人材）のことです。続けている人も、気まぐれさんも、どちらもそれぞれ個性です。どちらが優れているとか、劣っているという問題ではありません。

ここではバランスを大事にしましょう。コンスタントに続ける人と、瞬発力で活躍する人の両者に光を当てることで組織は活性化していきます。

8

組織を動かす力［オートノミー］

autonomy

コンフォートゾーンは集団で作られる

7章までで、イチヒャクの基礎をなす部分についてお話ししてきました。8章からはいよいよイチヒャクの核心に迫っていきます。

コンフォートゾーンは自分ひとりだけのものではありません。人が集まるところにも生まれます。ですから、コンフォートゾーンの性質をうまく利用すると、組織がゴールを実現する力が飛躍的に高まります。メンバー全員が何かを目指そうと一致団結し、ひとつのコンフォートゾーンを未来側に描いたとき、そのゴールに向かう力が圧倒的に強くなり、未来にワープするような状態になります。

こうした強力な力が自発的に生じてしまうような状態を作っていきます。そのためにも、グループの中でゴールが適切に共有されている必要があります。

自律・自発的に動ける組織が生き残る

改めて言うまでもないことですが、ビジネスを取り巻く環境の変化は激化の一途をたどっています。組織の中でいちいち形式上の承認をもらって物事を進めている場合ではありません。その間に機動力のあるライバルはどんどん先に行ってしまいます。「大企業vs.ベンチャー」という単純な図式には必ずしも当てはまりませんが、大きな会社はどうしても意思決定が遅くなります。

組織における承認は確かに重要です。ただし、時流を鑑みて必要最低限にとどめるべきです。どんどん前に進みながら、気がついたときに随時修正していくスタイルが望ましいでしょう。そのような意思決定、経営を現実のものとしている会社は現に成長しています。

では、「必要最低限」とは具体的にどの程度の水準なのでしょうか。これはゴール設定によって直感的に決まります。ゴールが与えてくれる直感が教えてくれるのです。

直感ですから、メンバーごとに異なります。ですが、ゴールに向けて一致団結していますから、結果的にそろったものになります。

もちろん、進めていく上で決め事が必要であれば、作っておけばいいのです。しかし、その決め事自体を全般的に「自律」「自発」寄りにしておくことは必須。そうしないと、組織の足を引っ張る要因になります。いろいろな理由をつけて自律・自発にならないように働きかける勢力がいるなら、ドリームキラーだと考えていいでしょう。適切な対処が必要です。
自律・自発型の組織として、前に犯罪捜査に当たる刑事たちを例に挙げました。共通のゴールの下で「自分たちなら解決できる」という高いエフィカシーを持ち、方法に関しては創造的にひらめき、進めていく。そんな組織です。

100億円を作るために上昇スパイラルを生み出す

イチヒャクを達成していく過程では、上昇スパイラルを作り出さなければなりません。1人ひとりの社員が自分のゴールに向かって上昇気流を作り出すのはそれほど難しくないでしょう。これを組織で作り出し、さらに大きな上昇気流を見つけて乗っていくフェーズが重要です。

たとえば、「風がきている」とか「ここは勝負どころだよね」と多くのメンバーが感じることがあります。イチヒャクに向かう組織が何度も経験する場面です。

このような場面に遭遇したら、思い切って上昇スパイラルに飛び乗らなければなりません。次の機会はなかなか来ないからです。

とはいえ、上昇スパイラルに「乗っていく」のはなかなか怖いものです。特に、経験が浅い人は強い不安を感じます。一方、それまでに何度も乗ってきた人は、乗ることで「その先」に行けることを知っています。ですから、やすやすと乗っていけます。「乗っていく」とき、「意識がそろう」感覚を全員で共有できることがあります。みんなの体がふっと浮かび上がるような感じです。そのとき、全員の抽象度が一緒に上がっています。この時点から具体的な変化が起きるようになります。視野が広がったり、アイデアが浮かびやすくなったり、クレームに強くなったり、失敗が怖くなくなったり――です。組織内部で質的な転換が起こっていると言っていいでしょう。どんな仕事をしていても起きることです。同じような経験をしたことがある人もいるかもしれません。

脳内に関して言えば、このとき、臨場感が共有されています。脳内で自分が見ている映像の臨場感が高ければ、相手の人にも同じものを見せることができます。組織がまとまっていくと、全員で同じ映像を見ているような状態になります。こういうタイミングで、ＢtoＣであれば革新的な新商品、ＢtoＢであれば画期的なビジネスモデルが生まれます。

言ってみれば、ゴールにロックオンされて雑音が聞こえないような状態です。そして、この状態を瞬間最大風速的なイベントで終わらせるのではなく、長期にわたって継続させることがカギとなります。

余談ですが、この段階まで来ると、ますますコーチの力が必要になってきます。どの段階でもコーチが果たす役割は大きいのですが、この状態を自力で維持するのは特に難しいからです。

注入する力（インジェクション：Injection）

ここから「組織を動かす力」の根幹をなす3つの力について説明していきます。順番で言えば、まずは「注入する力」。続いて「模範を示す力」。最後に「任せて待つ力」となります。

最初は「注入する力」。ここで大事なのは何を注入するかです。注入するのは、ずばり「ゴールドビジョンの姿勢」。マインドセットや生き方ということになります。

①組織が自発的に動くためにはビジョンの浸透が必要

まず、メッセージを注入します。この場合、メッセージは社長が発信します。メッセージにはゴールの世界のコンフォートゾーンに臨場感をもたせる働きがあります。

注入された結果、脳が2つの世界にロックオンされた状態になります。1つは「ゴールの世界そのもの」、もう1つは「ゴールに向かっている自分たちの世界」です。後者はいわば自己陶酔。「ゴールに向かう」と言い切っている自分たちの姿に酔っているとも言えます。

このとき、全員の頭が熱狂しながら、どこか客観視できているような感じがあります。燃え上がっているけれども、自分たちを見失っていないのです。

歌舞伎の世界で「乗る」と呼ばれる状態があります。「醒めながら酔う」技術のことです。これに近いかもしれません。

②理屈なし、熱い思いが人を動かす

燃え上がる思いは否応なしに人に伝わるものです。ただし、弱点もあります。持続力がないことです。熱い分だけ冷めやすいとも言えます。熱い思い一辺倒ではよくありません。しかし、ときどきでもいいので、熱い思いを語ることを忘れないようにしたいものです。

③未来から始めることが当たり前になった組織

ここでは埼玉県にある、具体的な会社の実例を紹介します。社員数は１００人ほど。この会社の特徴は、全員が前を向いていることです。したがって反省も前向き。誰もが新しいことを思いつく循環にあります。常に顧客目線を忘れず、社員は「お客さまの笑顔」のために動いています。

この会社の求人には応募が殺到。離職率が極めて低いことも特筆すべきでしょう。当然のことながら、経営面でも順調に成長を続けています。

未来から始めることが当たり前になった会社の強さがおわかりいただけるのではないでしょうか。

④求心力を維持しながら社員の才能を開花させていく

ここで重要なのは、「社員をいかに辞めさせないか」。もちろん、会社自体や仕事の中身が魅力的であれば、社員は頑張って働いてくれます。とはいえ、人には人生観の変化も訪れます。「もっとできるんじゃないか」という思いに駆られたり、社内の役割上の制限や事業上の制約に不満を持ったりすることもあるでしょう。
「辞める理由」はどんなときでも出てくる可能性があります。では、阻止するのに有効な手立てはあるのでしょうか。

⑤求心力は「人」と「ビジョン」の二本立て

社員の才能に光を当て、エフィカシーを高めようとしたとしましょう。いいことなのですが、不用意にやると、社員の意識が拡散して、辞めてしまう人が出てくるリスクが高まります。伸ばす方向に気をつけないと、社外に向かって伸びてしまうのです。

オートノミーが働き始めた組織では、注意を怠るとある段階から遠心力が働き始めます。それでなくても、輝いているビジネスパーソンには様々な触手が社外から伸びてきます。

このことは本人にとっては決してマイナスではないかもしれません。しかし、一緒にやっていく以上、受け入れるとしても、なるべく同じ方向に伸びていって欲しいものです。

こうしたなかで求心力を維持するには、どうしたらいいのでしょうか。やはり、ものを言うのは「経営者や幹部の人柄・魅力」。人柄・魅力には「ときどき飲みに連れていく」といった泥臭いアプローチも含まれます。

もちろん、会社の「ゴールドビジョン」を示しながら個々人のゴールに配慮をするのは基本です。人柄・魅力とビジョンは両輪。どちらに偏るのでもなくバランスを取りましょう。

⑥経営者が独断専行すると周囲から足を引っ張られる

社長の独走は、ドリームキラーを大量発生させます。注意が必要です。社員の側からすると、あまりに急激に組織が変化するので、極端な場合、生命の危機すら感じます。「こんなに会社が変わっては自分がついていけない。いずれは職を失うんじゃないか」と無意識に想起してしまうのです。激変期の組織には強い引き戻しがついて回ります。そしてこの無意識の想起が、ドリームキラーの大量発生に直結します。この場合のドリームキラーがなかなか厄介なのは、サポートしているふりをするからです。「いや、社長、本当にいいアイディアですねえ」と表では言いながら、裏では邪魔をする。本人に自覚はありません。ときには突っ走っている社長自身がドリームキラーとなり、自分で自分の足を引っ張ることもあります。

ドリームキラーは社外にもいます。それまでの協力者が変身するのです。たとえば、社長が信頼を置いていた社外取締役や顧問。こうした人たちが組織の足を引っ張ることがあります。また、とりわけしっかり足を引っ張ってくれるのが顧問弁護士と顧問会計士。弁護士や会計士が普段扱っている法律や財務は「過去」そのものです。未来思考から最も遠い職種と言えるかもしれません。さらに、会社が成長すると、彼らは仕事を失う可能性があるのです。売上1億円の会社にとって適正な弁護士・会計士と100億円の会社にふさわしい弁護士・会計士は異なります。本人たちはそのことをよく知っているので、無意識に変革を止めようとします。

どうすればよいか？　対策は、まず焦らないことです。独断専行の結果、足を引っ張られたとしてもカッとなってはいけません。自分が突っ走りすぎていないかを振り返ります。突っ走りすぎていると思ったなら、周囲と歩調を合わせるように意識すべきでしょう。

同時に、社内に強力なサポーターを育てる必要があります。場合によっては社外から招請してもいいでしょう。ただし、そこには裏切りのリスクもあることは念頭に置きましょう。

いずれにせよ、変化した後の自社の姿を社員や協力者に繰り返し見せることが重要です。

模範を示す力（ロールモデル：Role model）

次は、「模範を示す力」です。「模範を示す」のは、社長やリーダーたちです。

①自ら実践してみせる

新しいコンフォートゾーンに移行するために取り組んでいる自分の姿をさらけ出すのです。このときの社長の姿は決してかっこいいものではないかもしれません。苦しいときも多いからです。

私のクライアントにも大勢いますが、社長自ら「苦しい、苦しい」と言いながら、取り組んでいます。これは大事なことです。

「社長も苦しんでいるんだ。大変そうだな」

と社員が感じられないようでは、組織は変わりません。

大変なのは当然です。今までとは異なる習慣を身につけなければならないのですから。その過程を隠したくなる気持ちもわからないではありません。しかし、あえて「隠すことではない」と言っておきます。コンフォートゾーン移行に伴う苦しみは、全社員が共通して味わうものだからです。

私は前著の中で「コンフォートゾーン酔い」という状態に触れました。もちろん、造語です。コンフォートゾーンを移行する際、体がだるくなったり、気分が悪くなったり、お腹が痛くなったりする人はいくらでもいます。これらの症状がコンフォートゾーン酔いです。

全員で体験することなのですから、社長が隠すのは変でしょう。この際、社員と一緒に学んで身につけていくことです。

②悩んでいる姿を見せる意味

社長が苦悩する姿を見せることには意味があります。

「社長も人なんだ」と社員に思ってもらうことで、コンフォートゾーンを共有しやすくなるのです。

この点、もしかしたら「社長は特別」と社員に思われることに快感を覚えている経営者もいるかもしれません。しかし残念ながら、その状態が続く限り、社員は持てる力を存分に発揮できません。萎縮してしまうからです。社員が萎縮して損をするのは社長自身です。

表層的なかっこよさなど捨ててしまった方がいいでしょう。ただし、これもゴール次第です。「社長のかっこよさを追求する」というゴール設定なら、迷わずかっこつけ続けましょう。その場合にはイチヒャクは無理ですが、止めはしません。

③失敗しても構わない

「失敗しても構わない」は、社員に向けて発せられることが多い言葉。しかし、ここではあえて社長に贈ります。

チャレンジしていれば社長も失敗します。「社長が失敗してはいけない」という法律などありません。思い通りにいかないこともある現実を、社員と一緒に乗り越えていく。こういう社長はかっこいいのではないでしょうか。

④トップの器を大きくする

「社長の器」を構成する要素は、「コーズの強度・高度」、「ゴールの大きさ」、「エフィカシーの高さ」の3つです。

この中で、自分で変動させられる因子はゴールの大きさだけ。社長の器を大きくするには、ゴールを大きくするしかありません。そのためには、社長自身がレベルの高い人たちと付き合うことです。社長室に籠ってなどいないで、社外にどんどん出ていく必要があります。仕事を抱え込まないで、部下に任せなければなりません。

⑤社長の選択：会社と一緒に成長したいか、自分が豊かになりたいか？

まず、自分に正直になりましょう。社長自身が「豊かになりたい」と思うのは悪いことではありません。上場してキャピタルゲインを得たいのであれば、素直にそう言うことです。あるいは、事業を伸ばして、より多くの報酬を得たいと思うのも自然なことです。

その上で自分と共に社員も豊かにする方法を考えます。そうすれば、自分が豊かになりたい社長の下に、やはり豊かになりたい社員が集まります。自然と成果も挙がります。

あるいは、「会社と一緒に成長したい」のであれば、それを前面に出しましょう。そういう社長の下に集うのは成長志向の社員たち。ここでも成果は出ます。

「会社と一緒に成長したい」も「自分が豊かになりたい」もどちらも成長の因子。実際の経営においては、前者は「個々人の成長に寄与したい」、後者は「社会を豊かにしたい」といったゴールを打ち出していることが多いようです。

どちらがいい、悪いではありません。自分らしい方向性を選べばよいのです。

余談ですが、以前、「働く理由」について考えたことがあります。

まず、基本となるのは「豊かになるため」です。アブラハム・マズローが提唱した「欲求階層説」だと、「生理的欲求」「安全欲求」がこれに対応します。

その次に「自分の存在意義」が来ます。マズローでいうなら、「社会的欲求」「承認欲求」です。

その上に位置するのが「成長の欲求」。マズローの「自己実現欲求」に近い欲求です。

図表19　「働く理由」と「マズローの欲求階層」

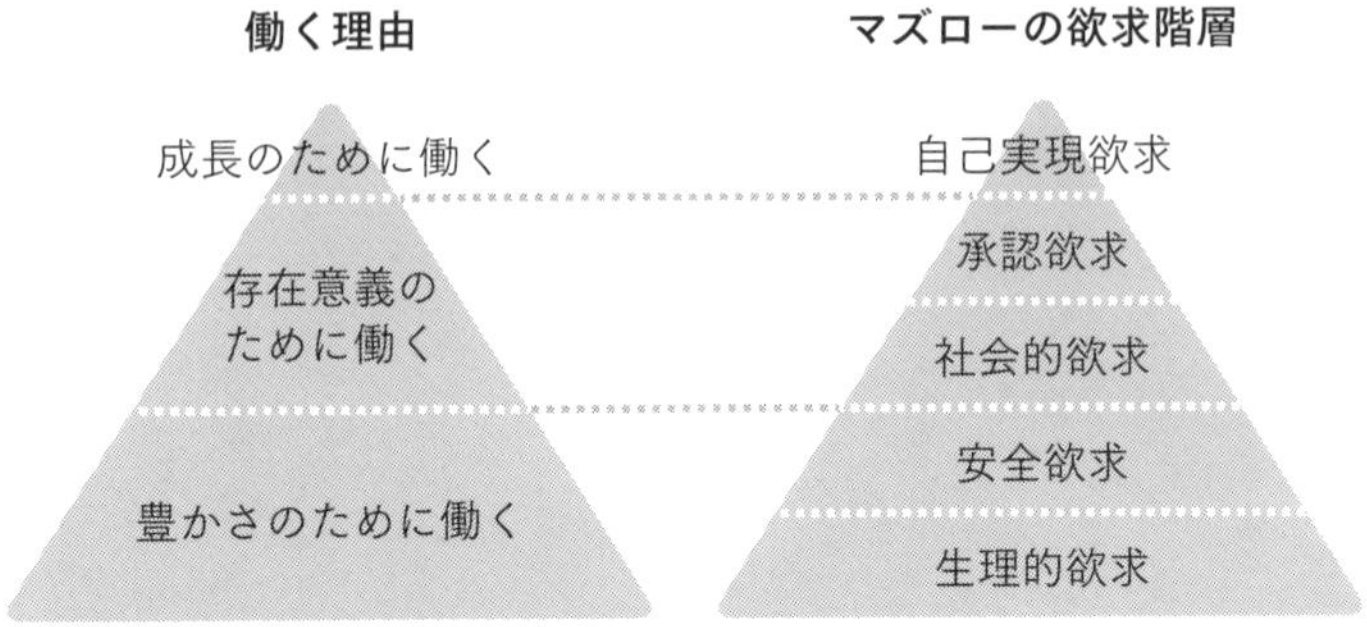

出所）KAZUYOSHI HISANO AND CONOWAY, INC.

下から言えば、「豊さのために働く」「存在意義のために働く」「成長のために働く」の3段階があると私は考えています。

「成長」は3つの中では最も高度な理由です。しかし、どんな理由で働こうと、問題はありません。どの仕事も3つの要素を含んでいます。社長は3つの中から1つを選び、強く打ち出しましょう。そうすれば、その理由に賛同する社員が集まってきます。

⑥あなたの行動は「意外と見られている」

トップの生き方はそのまま会社の姿を決めます。まさに「模範」です。

このことは肝に銘じていただきたいものです。交際費の使い方や社員との接し方、情報管理の姿勢はもちろん、仕事への取り組み方まで、会社の基準は社長の言動が作り出しています。社長がパワハラをすれば、社員もします。セクハラをする社長の会社では、セクハラは日常茶飯事でしょう。

⑦エフィカシーが高い組織はコンプライアンス（法令遵守）を重んじる

自分たちのゴールを達成できると信じている組織は、ルールを尊重することができます。コンプライアンスが揺らぐ組織は自信に欠けています。ルールを無視するのは自信のなさの表れなのです。

ひと頃多発した「〇〇偽装」事件。一連の不正に手を染めた会社は、例外なく自信を持てずにいたように見えました。端的に言えば、勝てないかもしれないと思うからズルをするわけです。「負けることがあっても、次に勝てばいい」と思えるようなコンフォートゾーンを維持できていれば、不正が横行するようなことはありません。

⑧どれぐらい、どのように働くか。社長が会社の基準になる

働き方改革の時代。何よりも大事なのは「want to」です。

社長が「want to」で生きていれば、社員もそうなります。真の「want to」で組織が動いているのであれば、多少の長時間労働も問題はないでしょう。生産性も上がります。本当に問題なのは「have to」での長時間労働ではないでしょうか。

⑨優秀な人を辞めさせない方法とは？

優秀な人材は「いつ辞めるかわからない」という前提で雇用する必要があります。その上で「今一緒に働いてくれている」ことに感謝しましょう。

このような関わり方をすることが、長い目で見た場合に辞めさせない秘訣です。その人が輝

ける役目について考え続け、その人の可能性を最大限に伸ばす方法を提示していくことが大事です。

イチヒャクを実現する組織では、人の入れ替わりもそれなりに起こります。プロスポーツのチームのように、移籍の可能性を前提としながらも、1試合ずつ、1シーズンごとに全力を傾ける。そんな組織で良いのではないでしょうか。

任せて待つ力（エンパワーメント：Empowerment）

「組織を動かす力」の3つ目は「任せて待つ力」です。

①最初は「補助輪付き」でいい

もちろん、いきなりすべてを任せる必要はありません。部分だけを切り離して任せてみて、お互いにその状態に慣れる必要があります。まずはこの状態がコンフォートゾーンになるのが望ましいでしょう。

ときには1日、1週間といった単位で不在にするのもひとつの方法です。期間限定で業務を委譲するのもいいでしょう。

小さな失敗はむしろ歓迎すべきでしょう。本人は慌てているでしょうが、任せた側は内心「よし、よし」と思うくらいでちょうどいいのです。

②任せたなら待ちなさい

焦らずに待つ。これ以外に育てる方法はないと心得ましょう。ちょっと考えれば、誰でもわかる摂理です。

たとえばアサガオの種をまいたあと、何をするでしょうか。水やりくらいはするでしょうが、基本は「待つ」だけ。子育ても同じです。「待つ」しかありません。

ただし、落ち着いて待つためには「プランB」が必要になります。うまくいかないときの対応についてあらかじめ考えておき、ある程度は本人にも伝えておきます。

締切（期限）を設定して、上手に待ちましょう。

③「できる」と信じることで、できるようになる

「できないかもしれない」と思うようなら、任せるのはやめておきましょう。最も重要なのは、本人に「できるはず」と思ってもらうことです。「エフィカシー」という概念を知ってもらい、体験してもらうのもいいでしょう。

「心理学の用語に『エフィカシー』というものがある。『どれだけ自分を信じているか』が成功、成果のために必要だと言われているんだ。自信はなかなか持てないかもしれないが、『できない』と思えば、できない確率が上がる。俺は『できる』と思ったから任せた。お前も『できる』と思ってやり遂げてほしい。『難しい』と思うことがあったら、いつでも言ってこい。できるように一緒に考えるからな」

まるでドラマか漫画のセリフのようですが、リーダーたるもの、ときには上司という役柄に入り込むことも必要です。アレンジはお任せしますが、こんなふうに話しかけてみるのもいいかもしれません。

④失敗できない場面でどうやって任せるか？

任せるのは、失敗してもいいことが前提です。そうでないと、任せられた側も思い切って取り組めません。失敗して本当に困る場面では任せないほうがいいでしょう。任せるのは人材育成のためです。人を育てる局面でギャンブルに打って出る必要はありません。万一失敗した場合には、「自分が責任を取る」と覚悟していればいいのです。

保険として、頼りになる人にサポートについてもらうのもひとつの方法です。

⑤「はしご」を外してはいけないが、「このままではまずい」ときの対処法

「このままではまずい」と感じたときでも、せっかく任せたのにいきなり仕事を取り上げるようなことはやめておきましょう。そんなことをしたら一生恨まれます。

「このままではまずい」と感じて状況を確認したいときは、フィードフォワードを活用します。「次にどうするつもりか」を聞いて、その答えの中から状況を把握するのです。

本当にまずい場合、しどろもどろで「答えになっていない答え」が返ってきます。本人が助けを求めやすくなるようにサポートの姿勢を崩さないで、手を引いてもらうように促します。

あるいは、任せた相手が危機的状況であることに気がついていない場合があります。できるだけ自分で気づいてほしいのですが、どうしても気づかない場合には状況を伝えるために介入します。

元はといえば、任せた自分の責任です。ただ、現実には任せてみないとわからないところもあります。難しいところです。

⑥それでもできない場合にどうするか？

どうしても難しい場合には、任せた仕事を一度自分で引き受けます。優先順位は、放っておくと手遅れになりそうなところからです。

引き取るタイミングは、手遅れになるよりも少し手前の段階。ギリギリになりすぎないように気をつけます。判断が遅くならないようにするためには、コミュニケーションが大事です。さらに言えば、任せた側も緊張感を持った状態を維持することです。外科医は手術室にいなくても、いざというときに備えて「オンコール」で待機することがあります。それと同じです。

引き取る際にはなぜ「難しい」と判断したのかをしっかり伝えましょう。相手に届くかどうかはわかりませんが、大事な過程です。仕事がすべて終わってからではなく、どんなに時間がなくても、引き取るときに伝えるのがマストと心得てください。

そして本人の承諾があれば、完全に外すのではなく、次の機会にはできるようにその仕事に残ってもらいます。進捗について随時話し合いながら、次の機会につなげていきます。

⑦結果を引き受ける勇気――エフィカシー

任せる以上、結局は上司が責任を取るしかありません。悪い結果でも、「あとは任せろ」と言うだけです。

大丈夫です。つまずいても死ぬわけではありません。「自分なら何とかなる」というエフィカシーがあれば、引き取る勇気も出てきます。

組織を置いてきぼりにしないために大切なこと

トップが独走するとどうなるかについてはすでにお話ししました。トップがひとりで突っ走ると、組織は置いていかれる。そういうものです。ただ、当然のこととはいえ、そのままにしておくと組織が分裂してしまいます。

ではどうすればいいのか。基本はここでも「待つ」ことです。常に待ちます。同時に、トップとの乖離が大きくなりすぎないように、幹部にしっかりと現場を見てもらいます。

社長自身は常にゴールを見ていなければなりません。置いていかれる現場へのケアは他の人（幹部）に任せるしかないのです。

抵抗勢力が1週間で「協力者」に変わるこの一言

抵抗勢力を「協力者」に変えるマジックワードはあるのでしょうか。もちろん、あります。プロコーチである私にとっては少し当たり前すぎる感もありますが、

「アドバイスをもらいたい」

「どうしたらうまくいくかな？」

「力を貸してほしい」

こういった言葉をぜひかけてみてください。

要は、肩を組んで協調する姿勢と気持ちで関わることです。1週間はドラスティックすぎるかもしれませんが、効果は保証します。

実は、これは私が中学生の頃から使ってきた技術です。決して目新しいものとは思えないのですが、ご存じない方にとっては新鮮かもしれません。

「戦う覚悟」があればこそ「社員」に「愛」を抱ける

改めて言うまでもないことですが、社員がいないと仕事はまわりません。経営者であれば誰もが深くうなずくことだと思います。であれば、社長が社員に「愛」を抱くのは当然です。

「自分ひとりでやっているわけではない」と気づけば、周りを大切にするようになります。

夫人との間にトラブルを抱えている社長に尋ねたことがあります。

「『ありがとう』ってどれくらい言ってますか?」

答えは予想通りでした。

「いやあ、ほとんど言ってないなあ」

「そうですか。でも、結構重要ですよ」

相手がいないとまわらないのですから、感謝の気持ちや愛情を持つのは当然のこと。抽象度が低い状態だと、社長の視野には「自分」しかありません。抽象度を上げ、社員や協力企業への配慮ができるようになりましょう。これは、会社が成長するために忘れてはいけない急所です。

「戦う覚悟」とは、ゴール実現への本気度と言い換えてもいいでしょう。「have to」ではなく、「want to」でやっていくことです。

メンタルが壊れた社員とどう向き合うべきか

メンタル面での問題が生じてしまった社員が出た場合、どのような対処ができるでしょうか。

まず、大前提として考えていただきたいことがあります。それは「負荷がかかった結果として起きたことなので、誰も責めない」という理解です。

確かに数人単位のチームでこういう事態が起きると、負担は小さくありません。メンバーでランチに行っても、テンションはガタ落ち。でも、できることはありません。そもそも本人との連絡すら満足に取れない状況になります。たまに顔を出してもすぐに帰ってしまうような状態が続きます。

次に大事なのが、「素人だけで何とかなる」と考えないこと。臆せず、専門家の力を借りましょう。

とはいえ、できるだけのことをする必要があります。結局はそれが自分のためにもなります。

こういう問題が起きると、「自分がやらなくてはならないのはどこまでか」がわからなくなることがあります。ときには一緒に病院に行くような配慮も必要でしょう。「いつでも相談に乗る」という姿勢を取り続けます。

上司が自分を責めるのもよくあることです。ですが、そんなことをしても、何の解決にもなりません。自分のパワハラが原因なら真摯な反省が必要でしょう。しかし、現在のような社会では、そうしたわかりやすい因果関係はむしろ稀です。仕方のないことだと受け止める必要があります。

こういう事態に直面すると、自分も周囲もがっかりすると思います。ただ、やむを得ないことです。リーダーたる者、「起こり得る事態」として織り込んでおく必要があります。あらかじめ期待の水準を下げておきましょう。

感情面と金銭面の「報酬」を明らかにする

仕事の「報酬」は2通りあります。感情に訴えるものと、金銭として受け取るものです。

高度経済成長期には「仕事の報酬は仕事」と明言できる文化がありました。しかし今なら、さしずめ「やりがい搾取」と指弾されるところでしょう。私個人としては、働くことをもっと楽しんでいいと思っています。

感情面の報酬に関しては「want to」で働くことで十分得られるのではないでしょうか。「want to」の「ゴール」に向かって働くことで心は満たされます。

また、人と人のつながりにも配慮する必要があります。できるだけ社員がゴールに向かって楽しみながら向上できる環境を整えます。良い人間関係も感情面の報酬として重要だからです。

さはさりながら、お金も大事です。目をそらさずにどうしたら満足度が高まるかを考えるのは経営者として当然のことでしょう。

繰り返しになりますが、ビジネスパーソンは「成長したから楽しい」と感じるのではありません。苦労がありながらも「楽しみながら働くから成長できる」のです。

9

経営パフォーマンスを10倍上げる方法

コンフォートゾーンを移行させる

ヒャクの世界のコンフォートゾーンにリアリティを感じる

「イチヒャク経営者」については本書プロローグでお話ししました。ここではそうした経営者を支える「イチヒャク思考」「イチヒャク発想」について考えてみます。

私は、「イチヒャク思考」は、イチヒャク経営を可能にする思考の体系、「イチヒャク発想」は「イチヒャク思考」の中でも特に「直感」を重んじるアプローチのこと、と定義しています。

1を100にするには、時間はかかるかもしれませんが、それ自体は難しいことではありません。大事なのはイチヒャクを可能にする「直感」の育て方です。

今、「ヒャクの世界」のコンフォートゾーンは、現在の自分からすれば100倍です。「壮大な勘違い」かもしれません。しかし、ヒャクの世界のコンフォートゾーンにリアリティを感じることができている状態であれば、脳はヒャクの世界を当然のように実現させようとします。

ここでわざわざ「ヒャクの世界のコンフォートゾーン」と断っていることに注目してください。細かいようですが、「ヒャクの世界にリアリティを感じる」のではなく、「ヒャクの世界のコンフォートゾーンにリアリティを感じる」ことが大事です。ヒャクの世界そのものへのリアリティは持ちづらい面がありますが、それと比べると、ヒャクの世界のコンフォートゾーンへのリアリティを持つのは簡単です。なぜなら、コンフォートゾーンは自分がいる世界だからです。世界のすべてをイメージすることは難しくても、自分の周囲のリアリティを高めることはできるはずです。

そして、「ヒャクの世界を実現する」ために働くのが、プロローグで説明したＲＡＳ（ラス）です。脳はＲＡＳを働かせて情報収集を行い、ほぼ同時に判断を行います。経営において重要な活動は判断と行動。ＲＡＳによって判断は終わっていますので、あとは行動です。

この一連の流れを組織で行うことになります。

そのために、私はこれまでゴール理論とフィードフォワード理論、そしてコーズ理論を構築してきました。

イチヒャク思考による「全員経営」でゴール達成

イチヒャク経営は、言い換えれば「全員経営」です。社員数が５〜10人規模の会社の場合、トップひとりがイチヒャク思考になればすぐに結果が出るでしょう。ただ、数百人規模になってくると、どんなにトップがひとりでイチヒャク思考で頑張っても、なかなか結果が出ません。

しかし、経営トップから最前線のメンバーまで、全員がイチヒャク思考になれば、自然とイチヒャクを実現できる組織になります。トップだけではなく、構成員全員の直感がゴールに対して研ぎ澄まされた状態を作ることができるからです。

これに近い状態を作り出しているのが、スポーツの団体競技の強豪チームです。メンバー全員が「勝利」に対して強い臨場感を抱いています。

ただし、スポーツの世界ではビジネスとは違うゲームを戦っています。いくら自分のチームのメンバー全員の直感がゴールに対して研ぎ澄まされた状態であったとしても、相手チームも同じであれば、結果は読めなくなります。こうした場合、勝つのはイチヒャク思考がより深く浸透し、かつ技術、体力に勝る側ということになります。

このように考えてみると、イチヒャク思考を完全に体現できている集団はスポーツの世界でも、ビジネスの世界でも、まだ明確には現れていないのかもしれません。だからこそ、新鮮だとも思います。

また、イチヒャクを達成できたとしても、一過性では意味がありません。一度だけではなく、組織内の多くの人が何度もイチヒャクの真髄に触れて、自らその状態を持続的に支えられるような人材になっていくのがベストです。

ところで、人も会社も成長の過程では必ず「踊り場」に突き当たります。顧客の変化、競合関係の変化、政府の規制、組織の硬直化など、様々な理由からそれまでのモデルが次のステージでは通用しなくなります。この踊り場をうまく乗り切れないと、次へは進めません。

このとき、イチヒャク思考による全員経営では、トップひとりだけが旗を振るものではありませんし、ボトムアップでもありません。上から下まで、構成員全員が一致団結してヒャクであるゴールの世界のコンフォートゾーンにリアリティを感じることができます。

また、イチヒャクリーダーはゴールドビジョンを示し、同時にメンバーのゴールに関心を持たなければなりません。組織と個人が共有できるゴールを見つけることができるように不断の努力を続けます。それが常態化したとき、メンバーは組織の中に居場所を見つけて、安心して働けるようになるでしょう。

グーグルの調査によって「心理的安全性を高めると、チームのパフォーマンスと創造性が向上する」ことが明らかになっています。プロコーチとしての私の感覚から言っても共感できます。

経営者は日頃からメンバーに「ゴール設定」を促し、「エフィカシー」を高めるようにサポートをしていきます。それによって、メンバーはヒャクの世界のコンフォートゾーンにリアリティを感じやすくなります。

図表20　イチヒャク思考による全員経営とは？
～ゴールによってメンバー全員の直感が研ぎ澄まされる

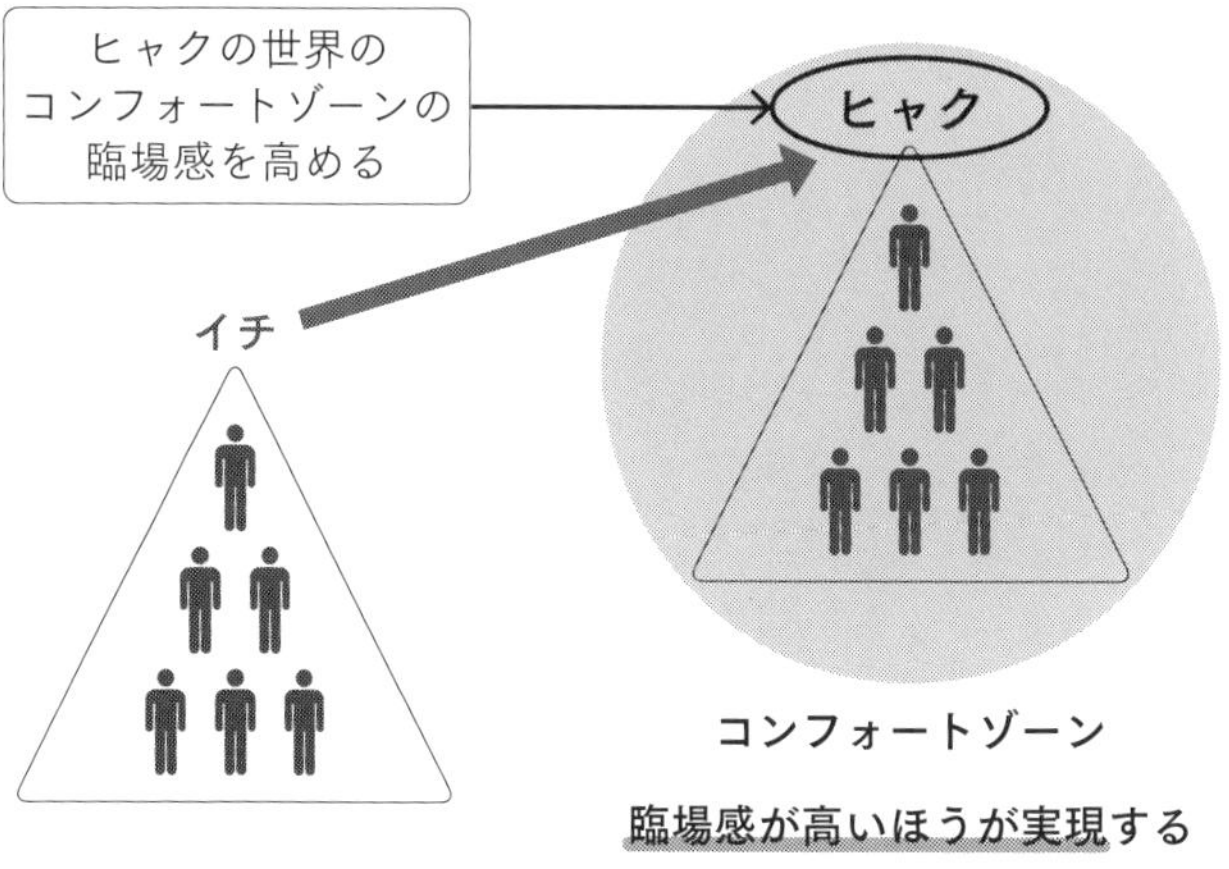
ヒャクの世界の
コンフォートゾーンの
臨場感を高める
ヒャク
イチ
コンフォートゾーン
臨場感が高いほうが実現する

出所）KAZUYOSHI HISANO AND CONOWAY, INC.

もちろん、ヒャクが実現しているときに体験できている「良いこと」も同時にイメージさせてあげます。これがイチヒャク経営における リーダーの役目と言えます。

すでにお話しした通り、イチヒャクを実現できる会社には、段階を追って成長する組織としての能力（ケイパビリティー）が備わっています。ですから、停滞することがありません。ただし、ゴールを更新しなければ、いずれ成長は終わります。「100倍が達成できたのだから、次は300倍を目指しますか？」というリアルな数字を突きつけられるときもやってくるでしょう。ただし、イチヒャクの次の段階として「サンビャク」を目指すかどうかは組織ごとに決めるべきことです。

社長以下、社員全員が「本当にやりたいこ

とは何か」を考える必要があるからです。

1億の会社を100億にする方法（理論と実践）

いよいよ「1億の会社を100億にする方法」です。「理論」と「実践」に分けて説明します。

理論については、これまで様々な角度からお話ししてきましたが、1行でまとめるとすれば、以下のようになります。

【理論】　メンバー全員が100億円を当然とするマインドの状態に移行する

続いて実践編です。こちらもまず、1行で言い表してみましょう。

【実践1】　メンバー全員の直感を研ぎ澄ます

「メンバー全員の直感を研ぎ澄ます」については前の項で詳しく触れました。ここで大事なのは「小さく考えない」ことです。「うちは小さい会社だから」という発想に立てば、行動も小さくなるだけです。ではどうするか。「大きな会社」だと勘違いすればいいのです。

そこでお勧めしたいのが、「大きな会社」と付き合うこと。顧客としてでも、ベンダーとしてでも構いません。単なる友達付き合いでもいいのです。

会社には社長以下、様々な役職を与えられたプレーヤーがいます。このうち、特に積極的に

「人を巻き込み動かす力」を活用すべき層は社長、役員、部長です。

社長や役員は外に出て、いろいろな付き合いの中でコンフォートゾーンを高める役割を担います。具体的には前述の通り、「大きな会社」のマネージャーや役員と付き合い、100億、1000億、1兆の世界に触れるのです。

部長にもこれに準じた動きが求められます。部長は将来の役員候補でもあります。現役の部長が役員並みの発想ができないようでは、会社は大きくまわってはいきません。理想を言えば、社長レベルの発想をしてほしいところです。

一方、課長以下は、まずは組織から注入されたビジョンの元で自分の職務を全うしていくことが優先されます。もちろん、役職が上がるにつれて視野を広げていく必要があります。

【実践2】　20億～30億円のかたまりをいくつか作る

一足飛びに100億を達成するのは簡単ではありません。20億～30億円のかたまりを道程に設ける必要があります。

では、20億～30億円のかたまりを作るにはどうすればいいのでしょうか。そこには具体的な商品、サービス開発やマーケティングセールスが必要になります。本書の核は「イチヒャク思考」「イチヒャク発想」ですので、それらの具体的なビジネス技法についてはここでは詳説しません。ただ、一言だけお伝えしたいのは、「ものまね」「人まね」ではそうしたかたまりは到底作れない、ということです。

「ブルー・オーシャン戦略」というものがあります。競争の激しい既存市場を「レッド・オーシャン」と規定し、未開拓市場であるブルー・オーシャンを切り拓くべしと説くものです。当然ながら、誰かが作ったものをそのまままねれば、競争になります。価格競争を招き、営業コストもかさむでしょう。結果として、「イチヒャクは達成できたけど、利益は出ない」という事態に陥りかねません。

真に新規性があるものを開発する必要があります。「簡単に言ってくれるな。そのために苦労してるんだ」という声が聞こえてきそうですが、お答えしましょう。新規性のある商品の開発にこそ、ゴールドビジョンが役に立ちます。すでにお話しした通り、ゴールドビジョンには抽象度を上げる機能が備わっています。そのための技術や練習方法も多数用意してあります。抽象度が上がれば、必ず創造的な発想ができるようになるのです。

コンフォートゾーンを移行させなければ、組織は大きくならない

ある経営者交流会に出席したときのことです。

年商100億円の会社の社長と年商1億円の会社の社長が会話をしていたのですが、その会話が端から見ているとまったく嚙み合っていないのです。なぜ嚙み合わないのかというと、答えは明白です。2人の社長のコンフォートゾーンが違いすぎるのです。

たとえば、年商1億円の会社の従業員は社長を含めて8人ですが、年商100億円の会社には400人います。2社の間では、従業員教育もマネジメントも、やっていることがまるで違うのです。社員8人なら家族経営でもいいのですが、400人の規模の会社では家族経営はほぼ無理です。

100億円の会社の社長は人事評価制度を作り、その評価に則って社員の給料を決めていますが、1億円の会社の社長は主観によって決めています。また、この2つの会社は同じ製造業なのですが、1億円の会社のものづくりと100億円の会社のものづくりは、そもそも市場も違うし、お客様も違います。商品力も違います。1億円の会社は受注生産ですが、100億円の会社は自社工場で見込み生産を行っています。

同じ経営者という括りでは一緒ですが、見ている世界がまるで違うのです。

1億円の社長が100億円の社長を目指したいと思った場合、まずは自分自身のマインドを変えなければなりません。さらに、社員も「100億円の会社で働いている」というマインドに変わっていかなければならないのです。

組織が自発的に動いていくためには3つのステップが必要です。

1　ビジョンを示し、マインドセットを注入する。
2　トップが模範を示す。
3　現場に任せて待つ。

これによってコンフォートゾーンが上がり、会社の売上も上がっていくのです。

自分や組織が成長しはじめると、周囲との関係にも変化が生まれます。年商1億円のときに心地いいと感じていた仕事の難易度や負荷が、徐々に年商5億円のそれが「心地いい」と感じるようになります。会食やゴルフで時間を共有する仲間も、次第に年商5億円の事業をしている社長やリーダーになっていきます。やがて、そのような人たちと過ごす時間のほうが、かつての仲間と過ごすよりも「心地いい」と感じるようになります。

こうして新しいコンフォートゾーンに馴染んでいきます。

社長のコンフォートゾーンが変わることで、役員やリーダーのコンフォートゾーンが変化し、組織全体のコンフォートゾーンも変化していくのです。

その結果、メンバーのコンフォートゾーンも上昇し、社長が逐一指示を出さなくても、社員がプラスアルファの努力を始め、自ら難易度が高いことに挑戦するようになります。

こうして、メンバー1人ひとりのコンフォートゾーンの上昇が、そのまま組織の業績向上につながり、年商100億円の企業に近づいていきます。

メンバーが、「もっと良い商品、良いサービスを提供したい。お客様にもっと満足してもらいたい」と思うようになり、それと同時に、「より高い報酬を受け取りたい。より豊かに暮らしたい。より深い達成感を感じたい」と考えるようになっていきます。

このような高いコンフォートゾーンが心地良いと感じられるように、メンバーに未来を思い描かせ、それを「当たり前」として定着させる……それが、社長やリーダーの役割なのです。

お金だけではパフォーマンスは持続しない

金銭的なインセンティブだけで業績を維持することはできません。当たり前のことかもしれませんが、確認しておきましょう。

会社の経営上、最も大切なことのひとつは「社員が楽しく生き生き活動できる」状態を作り出すことです。「頑張れる組織」を作ると言ってもいいかもしれません。

こうした組織作りにおいて「エンジン」の役割を果たすのがバランスホイールです。バランスホイールはゴール側のコンフォートゾーンの臨場感を描き出しているもの。そちら側に行くためのエネルギーを生み出してくれます。

繰り返しになりますが、バランスホイールを考える上では組織と個人全員のゴールに着目する必要があります。両者が一致するポイントを見つけたとき、エンジンの出力は格段に上がるでしょう。

個人のバランスホイールについてはわかりやすいと思いますが、組織のバランスホイールについては少し説明が必要かもしれません。

「コンセプトはわかるんですが、何が入るんですか？」

図表21　組織のバランスホイール

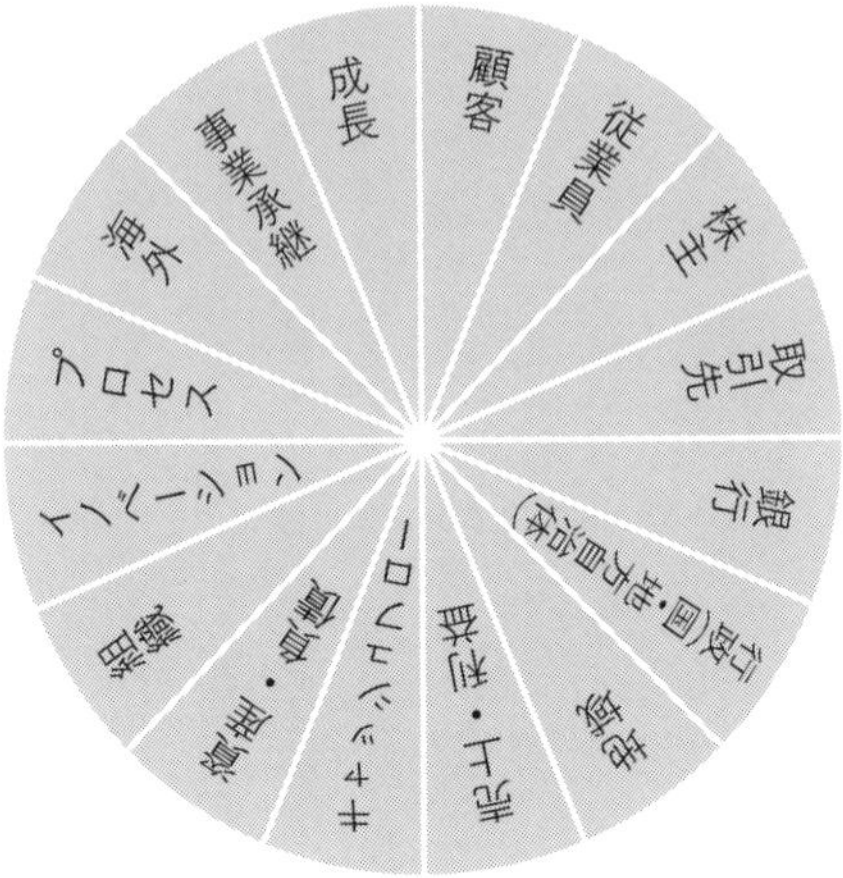

出所）KAZUYOSHI HISANO AND CONOWAY, INC.

そんな質問をよく受けます。まだ経営に携わっていない場合、なかなか難しいかもしれません。

例を挙げます。顧客、従業員、株主、銀行、国、地方自治体、地域社会などのステークホルダーや、売上、利益、キャシュフロー、資産、負債などのファイナンスの項目、組織、イノベーション、プロセスなど経営者の悩みに由来する項目を挙げていけば、すぐに10～20の要素を見つけることができます。それぞれの項目に対しては、たいてい1つ以上のゴールがあります。これを個人のバランスホイールと組み合わせれば、組織と個人のバランスホイールで一致するポイントを見つけることができるはずです。

組織が突然覚醒するとき

企業で研修をする際、「何人くらいに受けさせたらいいですか？」と聞かれることがあります。余談ですが、私は「〜させる」という言い回しがあまり好きではありません。リーダーシップには「平時」と「有事」の2通りがあります。「有事」の状況で「〜させる」が必要なのはよくわかります。ただ、「平時」は違います。物語の主人公が何かをさせられることはありません。そう考えれば、「〜させる」という表現のおかしさは伝わるのではないでしょうか。

話を戻します。「何人くらいに受けさせたらいいですか？」と聞かれたとき、私はこんなことを考えます。全社員の3割が研修内容を完全に理解すれば、組織は劇的に生まれ変わります。これが2割だとなかなか厳しい。感覚値ですが、統計を取れるものでもないので、自分の中ではこの数字を使っています。

たとえば100人の会社を考えてみましょう。

いつも私が聞くのは、「幹部層は何人になりますか？」という質問です。

社長は1人に決まっています。役員は数人。その下の幹部となると、十数人でしょうか。ここまでだと、2割未満です。「リーダー格の人を加えて、もう少し増やせませんか？」とお願いして、最終的に3割近くまで持っていきます。これぐらいが組織を変革するために必要な割合だからです。

研修を受けた人が周囲に波及効果を及ぼしはじめ、コンフォートゾーンが移行しはじめると、はじめはゆっくりと、徐々に加速しながら組織は変わっていきます。

組織というのは面白いもので、一致団結できたときにはまるで別の生き物のようになります。

幹部層からの波及効果が伝わりはじめると、あるときから「『いけるかもしれない』と思う人」が増えはじめて、「無理だ」と思う人が減っていきます。

その後で、臨界点がやってきます。

「いけるかもしれない」と思う人の割合が十分な数に達すると、文字通り一夜明けたら別の会社（組織）のようになっているということが起こります。そういう「覚醒」の場面に、これまでに何度も立ち会ってきました。

覚醒した組織はまず「言葉」が変わります。「セルフトーク」の組織版を「コーポレートトーク」と呼んでいますが、この「コーポレートトーク」が、組織やメンバーをゴールの実現に向かわせるような言葉になっています。この状態になると、完全に成長軌道に入ります。

時間がかかると思うからかかる

「時間がかかると思うからかかる」――あまりにもシンプルですが、イチヒャクを考える上では至言です。

ここでは現実の世界と、マインド（脳と心）を分けて考える必要があります。

イチヒャクを達成するのには、物理的には確かに時間がかかります。一般的には少なくとも4年程度は必要になるでしょう。

でも、マインド（脳と心）の変化は別です。

コンフォートゾーンはマインド（脳と心）の話。変化は一瞬で起こります。組織が実際に成長することとは別のことなのです。

ただし、一瞬で起きた変化を持続させられるかどうかもまた別の話。元に戻ることがあります。何度も繰り返して定着させる必要があります。意識してゴール側の臨場感を高めることで、ヒャクの世界のコンフォートゾーンを当たり前のことにしていきます。

繰り返します。イチヒャクの物理的な成長には時間が必要。しかし、マインド（脳と心）は瞬間的に変化します。その変化を定着させ、行動につなげていくことがカギになります。

成長を急ぐと大きく踏み外す

成長への過程では「急がない」姿勢が肝要です。

脳には面白い性質があります。急いでいるとき、見落としをしやすくなるのです。「ゆっくり、ゆっくり」と思いながら、成長への過程をたどっていくほうが結果的に早いと言えます。結果はついてくるので慌てる必要はありません。何よりも、エフィカシーを高く維持してゴールに向かっている「マインドの状態」を崩さないことが重要です。

脳がいい状態にあるとき、景色がスローモーションのように見えることがあります。野球の世界で「ボールが止まって見える」という表現があります。あれと同じです。

スポーツだけではないでしょう。仕事でもそうです。集中して、調子がいいとき、長い時間が経過したように感じられても、実際はそうでもないことがあります。

イチヒャク経営は全員経営。社員の多くがこのように時間を捉えられるようになれば、そこからの成長は早いものです。

メンバー全員が１００億円企業のマインドになる

「それがすでに実現した」と、メンバーが感じると、そちらに吸い寄せられます。イチヒャク経営は全員経営です。トップはイチヒャク思考に基づき、経営に当たらなければなりません。とはいえ、現場の一社員までがイチヒャク思考を完全に身につける必要はありません。一部分でもマスターしてくれれば、組織全体がイチヒャク寄りになります。少しずついいので全体にイチヒャク思考を定着させていきます。「ちょっと」を積み重ねることが組織の変化をうながします。

結果として、トップ層の舵取りも楽になります。イチヒャク経営において「どうせ下の者にはわからない」「うちの社員はそこまでのレベルじゃないから」といった経営陣の発言は厳禁。そんなことは決してありません。

ビジネスモデルを見直し「再現性」に徹底的にこだわる

爆発的に売れるのは、「誰も見たことがない新しいコンセプト」です。これは商品・製品であれ、サービスであれ、変わりはありません。ビジネスモデルでも同じことです。すでにお話ししたように、ものまねではイチヒャクは難しいでしょう。

斬新なコンセプトを打ち立てた上で再現性にこだわる必要があります。再現性については注釈が必要でしょう。大企業の社長が抱える「5つの悩み」についてはお話ししました。その4番目を覚えているでしょうか。「プロセスの悩み」です。

再現性はプロセスの問題。プロセスを構築し、品質を維持しながらコストを下げることが再現性です。

MBA時代の同級生の専門分野はなかなかユニークなものでした。ある一流企業でコールセンターを統括する役員をしていたのです。つまり、顧客対応のエキスパート。コールセンターのスタッフを育てるプロフェッショナルです。

彼女の仕事はあるべき姿を提示し、コンセプトを決め、プロセスを作り、導入すること。その後はトレーニングです。これでスタッフが育っていきます。この一連のシステムに関して、彼女は完全なノウハウを持っていました。複数の業界の一流企業を渡り歩き、コールセンターを構築、実績を上げてきました。高いレベルで再現性が担保できている例です。

言うまでもなく、斬新なコンセプトを追うことは大事です。一方で会社を潰してしまっては元も子もありません。

答えは簡単。二兎を追えばいいのです。

ここでも無意識の力が頼りになります。プロセスを磨き上げて日々のやるべき仕事をこなしながら、無意識をフル稼働させます。無意識には、常に革新的なコンセプトを探し求めてもらいます。適切にゴール設定をすれば、無意識はそのように働きます。

経営の足場はしっかり固めながら、それだけに終始するのではなく、現状を越えたゴール設定によってオリジナルな商品やサービスを作る。上手に無意識を活用すれば、誰にでも必ずできることです。

徹底的に商品・サービスの品質を向上させる

どんな会社であれ、「顧客を選ぶ」のは経営の要諦のひとつです。嫌な顧客とは付き合わないことも大事。ただし、イチヒャクを達成する会社は少々趣が異なります。「顧客に選ばれる」ことが必要なのです。

イチヒャクを完遂する過程で、会社は自社を育ててくれる顧客とともに成長していきます。イチヒャクへと向かう会社の姿勢に正統性を与えてくれるのも顧客です。ここで言う正統性とは、「この会社こそがこれをやってくれる」と思ってもらうことを指します。

業界の慣習を打ち破り、ユーザー視点で成長する会社が「改革の旗手」ともてはやされるとき、その陰には常に顧客の支持がありました。顧客は支援者でもあります。こういう状態を作っていくことが大切です。

最近の例で言えば、「ネットフリックス」。オンライン上で映像配信を行うサービスは新規参入した後続企業も手がけています。しかし、今やネットフリックスはこの種のサービスの代名詞として定着しました。「ウーバーイーツ」も同様。宅配グルメの業界を代表する企業になっています。

商品名でも似たような例はあります。カビを殺す洗剤はいくつもありますが、「カビキラー」はほとんど一般名詞として使われています。

こうした企業、商品はいずれも顧客によって正統性を与えられ、支援を勝ち得てきました。顧客は商品やサービスを買う前と買った後に判断します。前者は期待、後者は評価です。期待を高めるにはマーケティングやセールス、プロモーションが必要。評価を得る上では商品やサービスそのもののクオリティがものを言います。

クオリティを維持するためには機能だけでは不十分です。「ストーリー」が必要です。たとえば、「東京ディズニーリゾート」。テーマパーク内で働くスタッフを「キャスト」と呼んでいることは広く知られています。こうした意図的な演出がストーリーを形成し、結果としてクオリティへの信頼につながるのです。

クオリティはリピートの有無を決定づける要素。ストーリーは買う前から買った後まで連続するものでなければなりません。さらに言えば、この場合のストーリーはコーズから導かれているのが理想的です。

10倍のスケールのパッケージプランをつくる

経営パフォーマンスを10倍高める近道は「10倍のスケールのコンセプト」を考案することです。ここで重視すべきなのは「価値」。たとえば、10倍の価値が感じられるコンセプトを2倍の価格で提供すれば、ヒットは間違いないでしょう。

この場合の「スケール」は規模、クオリティ、カバレッジなど。業種によって異なります。なお、ここでも顧客視点を忘れないようにしましょう。経営パフォーマンス10倍を目指すのは本来自社の都合です。しかし、顧客が受け取る価値をさらに高めるために何ができるかを考えれば、顧客都合に昇華できます。

ところで、聞くところによると、最近の20代、30代はこうした場合、「なぜ2倍の価格で売るんですか?」と聞いてくるそうです。「お客さまに多くの負担をかけるんじゃないか。だったら、同じ価格でいっぱい詰め込んだほうがお客さまのためになる」と感じるようです。

言うまでもありませんが、ここで大事なのはまず10倍の価値を提示すること。それを2倍の価格で売るから意味があるのです。買うか買わないかは顧客の判断次第でしょう。圧倒的に高い価値を提供した上で値上げをするのは全く問題ないことです。若いビジネスパーソンが「こじんまりとまとまる」傾向にあるのは少々気にかかるところでもありますが。

パブリックリレーションでレバレッジを効かせる

正統性についてはすでにお話ししました。

あなたが正統性を備えていると周囲と社会が認めれば、あなたを中心に世界がまわりはじめます。繰り返しになりますが、ここで言う正統性は「あなたこそがこれをやるべき人」という地位を与えられること。「余人をもって替えがたい」という言葉がありますが、まさにそれです。といっても、本当に替えがきかないかどうかは誰にもわかりません。デファクトとしてそうなっていることが大事です。

自分の業界や地域で正統性を身に纏うことができれば、一気にチャンスが広がります。大きく伸びている会社はたいてい正統性を与えられているものです。

こうした状況は偶然生まれるものではありません。当事者たちが作り出している面が大きいのです。コーズから導き出されるゴール設定をしているがゆえに、そこから生まれた戦略的な発想や計画、さらには具体的な活動まですべてがコーズに根ざしています。コーズこそが正統性の源泉ですので、この一連のプロセスを通じて正統性が築かれているのです。

正統性を強化するためにパブリックリレーションが果たす役割は大きいと言えます。自社のコーズやゴールを上手に世の中に伝えていくことで、正統性が一層強化されるのです、

そしてここで活用したいのが、「人を巻き込み動かす力」を構成する「植える力」「育てる

力」。「自社はこうなる」という自分たちのゴールドビジョンを伝えることで、支援者からのサポートが得られやすくなります。

リーダーを育成するための「リーダー」を育成する

イチヒャクを達成するための重要な要素のひとつに、「リーダーの育成」があります。ここで言うリーダーは、ただのリーダーではありません。「リーダーを育成するリーダー」です。

育成が順調な会社には特徴があります。育成が「企業文化」になっているのです。

育成は根源的な矛盾を内包しています。人を育てると、いずれ「抜かれる」可能性が出てきます。後進に先を越され、組織の中で落ちぶれたくない。だから育成に積極的になれないと考えるビジネスパーソンは、実は少なくありません。

そうならないためには、育てた相手が大きく飛躍した場合に、育てた上司が尊敬される企業文化が必要でしょう。

リーダーに求められる資質は「本物度」に集約されます。本物度についてはすでに触れました。未来度、抽象度、現状の外度、さらにはコーズの強さ・高さから構成される要素です。

人を育てられる人は抽象度の階段を「降りていく」ことに長けています。いつでも現場目線で考えられるのです。もちろん、すぐにまた「上がっていく」のも自在です。私は普段のコーチングで「一段上がって社長（役員）の立場で考えてみてください」といった助言をしています。しかし、これは「言うは易く行うは難し」の典型。誰でもある程度の練習が必要です。

柔軟に抽象度の階段を昇降できる。そういう人物の育成が「リーダーを育成するリーダー」を育てることなのです。

epilogue

日本で大企業の社長のコーチングができる人は10人もいない

社長の役割と必要な覚悟

大企業の社長に必要なことはいくつかあります。

会社によって規模は様々ですが、たとえば、「1人で1万人を支える」気概を持てるか。これは経験した人でないとわからない負荷です。

「支える」という表現を用いた背景には、リーダーシップの定義が最近になって少し変わってきたことがあります。本来そうだったとも言えますが、今、主流なのは「逆ピラミッド型」。「支える」リーダーシップです。

負荷を支えるには腕っぷしが必要です。日頃から鍛えておかないと、いざというときに逆ピラミッドを支えられません。気力、体力、胆力をはじめ、あらゆる力を総合して事に当たる必要があります。組織の構成上ピラミッド型を取っていたとしても、平時のリーダーの役割は「支える」ことにあるのです。

大企業の社長は、支えている状態をコンフォートゾーンにしなければなりません。そうなれば重圧を楽しむことができます。そして、このコンフォートゾーンには「自分の後ろには本当に誰もいない」という覚悟も含まれます。言い換えれば、大企業の社長に必要なのは「大企業の社長たるコンフォートゾーン」を保持する、ということです。

企業で不祥事が起きると、社長をはじめ経営陣は記者会見で謝罪するのが常です。これに対しては「ポーズだけ」という批判もあります。わからなくはないのですが、一方で私はこう思っています。

「いやいや、社長も大変。（自分は）あの場に行って謝れるだろうか」

断言してもいいのですが、社長は本気で謝罪しています。「なぜ俺の任期中に」とか、「ついてねえなあ」とか、内心いろいろと思うところはあるでしょう。しかし、謝罪する気持ちだけは本物。そうした事態が起こることは想定の上。覚悟して就任するのが大企業の社長なのです。

コーチに必要なのは「本物度」

そんな社長を支えるコーチは「本物度」を備えていなければなりません。未来度、抽象度、現状の外度、さらにはコーズの強さ・高さを生かして、クライアントである社長の視座を常に高く保つ手助けをします。

大企業の社長とはいえ、人の子です。視野が狭くなったり、落ち込んだり、カッとなったりすることはあります。そんな状態にある社長を元の高いコンフォートゾーンに引き戻し、再び前に進めるようにサポートする。コーチには高いエフィカシーが求められます。

そのためには、コーチ自身のゴールが高くなくてはいけません。クライアントの成功を願ってすべての行動があるのですから、「自分が目立ちたい」「自分が稼ぎたい」が前面に立つ人には務まりません。コーチはロックスターや野球の4番バッターとは全く違う職業なのです。

コーチは社長が背負う数万人の社員の生活と、数百万人の顧客の満足度を受け止める必要があります。繰り返しますが、高いゴール、高いエフィカシーが欠かせません。

社長は自らのコンフォートゾーンで数万人の社員の生活と、数百万人の顧客の満足度を支えていますが、社長の場合は昇進の過程で少しずつ負荷が上がっていきます。一方、コーチは依頼を受けた瞬間から、いきなり受け止めなくてはなりません。見落とされがちですが、重要な点です。

コーチは社長の幹部や社員よりも高い抽象度を保持し、社長が背負うファイナンス上の責任を受け止める必要があります。コーチもまた腕っぷしが必要な仕事なのです。

コーチとクライアントとの関係は通常、一生涯続きます。なぜなら、コーチはクライアントの脳に対して深く関わるからです。最終的には、クライアントが私のことを思い出すだけでコーチングが完了するようになります。コーチである私が言っていることは至ってシンプルです。「ゴールを設定し、エフィカシーを高めましょう」「周りの人と一緒にやっていきましょう」――煎じ詰めれば、この2点に尽きます。極論すれば、私と会わなくても、ノートを読み返したり、この本を読んだりすればいいのです。私のことを思い出し、「久野さんはいる」と認識するだけでコーチングは終わります。ですから、付き合いは一生続くのです。

もちろん、それでも対面して「相談したい」「茶飲み話がしたい」と要望があれば、私からお断りする理由はありません。

世の中に打ち出す「大義」が事業を大きくする

コーズが強く、高いと、会社や経営者は「正統性」を身に纏うことができます。このことは本文で詳しく説明しました。

正統性を身に纏うことができれば、強力な支援者を得ることができます。そして、コーズは昇華されて「大義」となるのです。

ひるがえって言えば、「大義」を世の中に打ち出すことでコーズが顕在化します。コーズはどうしても埋もれがちなもの。地下茎に似ています。それを明確に意識し、「大義」とできるのは意義のあることです。「大義」を打ち立てられれば、事業は自ずと大きくなっていきます。

会社の幸せは社長の心が決める

すべてはゴール次第です。社長のゴールが経営幹部、社員のゴールと交わり、会社のゴールが作られていきます。

大事なことですが、会社のゴールを規定するのはメンバーの顔ぶれです。集まったメンバー各人の脳に会社のゴールの要素が内因的に存在していて、それを見つけ、組み合わせていくことで会社のゴールが出来上がります。

メンバーが変われば、会社のゴールも変わります。「このゴールにしよう」と無理に決めるというよりは、メンバーによって必然的に決まるものです。

社長以下のメンバーの心がどこで交わり、どこで強力な波動が生まれるか。社長と幹部、そして社員の心が深く共鳴し合ったときに、組織の力が飛躍的に高まります。

社長に贈るエール

内部昇格にせよ、事業承継にせよ、ほとんどの社長が一番燃えているのは就任初日です。続けていくうちに軌道に乗り、それが維持される人と、だんだん炎が小さくなり、「まあ、こんなもんか」と嘆息する人に分かれます。

イチヒャクを謳う以上、私は前者に当たる社長が1人でも増えることを願うものです。炎はますます燃えさかり、日々楽しく走っている社長を増やしたい。

就任当時の情熱が消えかかっていると実感している方でも、復活は十分に可能です。V字回復も夢ではありません。まずは安心して、本書に掲げた内容を1つひとつ実践していってください。

この本はなるべく簡単に書いたつもりです。しかし、内容は決して簡単ではありません。何しろ、イチヒャクです。そう易々と通れる道ではないことはおわかりいただけるでしょう。

もう一点、強調しておきたいのは、イチヒャクの「全員経営」という側面です。社長ひとりでできることには限界があります。今、小さい会社であれば何とかなるかもしれませんが、じきに苦しくなっていきます。

1人でも多くの社員にイチヒャクを理解してもらい、全員経営の輪に加わってもらいましょう。ただし、社員のキャリアや年齢、職種、職責によって理解の範囲は変わってきます。難しすぎてわからないところも出てくるでしょう。それでも、「全然わからない」ことはないはずです。しっかり学んでもらえば、何かをつかみ、影響を受けて、前に進みやすくなることは間違いありません。

本書で紹介した理論や技術を使っていただければ、明るく望ましい未来は間違いなく作れます。あなたが、CEOや社長、リーダーとして社員やスタッフを導いていける立場にあるのは素晴らしいことです。困難はあるでしょうが、「やってよかった」「生きていてよかった」と今以上に感じられるときは必ず来ますので、自分と仲間の力を信じて進んでいきましょう。

久野 和禎（ひさの・かずよし）
コノウェイ株式会社代表取締役社長。プロコーチ。テンプル大学社会人講座講師（認知心理学・コーチング）。
1974年生まれ。東京大学経済学部卒。筑波大学MBA（International Business）。人材企業で組織マネジメントの改革に携わった後、タイコエレクトロニクス、フィリップス、ビューローベリタスで多様なマネジメントポジションを担う。ProFuture（旧HRプロ）常務取締役COOを経て、2015年12月、コーチングを軸にコンサルティングを加えたサービスを提供するコノウェイ株式会社を創業。著書に『ゴールドビジョン』（PHP研究所、2017年）、『いつも結果を出す部下に育てるフィードフォワード』（フォレスト出版、2018年）。

CEOコーチング

2020年 2 月25日　1 版 1 刷
2023年 3 月13日　　4 刷

著　者　久野　和禎

発行者　國分正哉
発　行　株式会社日経BP
日本経済新聞出版
発　売　株式会社日経BPマーケティング
〒105-8308　東京都港区虎ノ門4-3-12

印刷・製本　中央精版印刷
本文組版　マーリンクレイン
装　幀　夏来怜
出版プロデュース　吉田浩（天才工場）
編集協力　潮凪洋介・片田直久
ISBN978-4-532-32322-6　Printed in Japan